Was trägt mein Leben?

10 Antworten, die Mut machen

Herausgegeben von
Lothar Bauerochse
und Klaus Hofmeister

Gütersloher Verlagshaus

Bibliografische Information Der Deutschen Bibliothek
Die Deutsche Bibliothek verzeichnet diese Publikation in der Deutschen Nationalbibliografie; detaillierte bibliografische Daten sind im Internet über http://dnb.ddb.de abrufbar.

ISBN 3-579-05458-9

Umschlaggestaltung: Init GmbH, Bielefeld unter Verwendung der Fotografie »Strand bei Zingst« von Tim Krieger, © beim Fotografen
Druck und Bindung: Těšínská Tiskárna AG, Česky Tesín
Printed in Czech Republik
www.gtvh.de

Inhalt

Vorwort der Herausgeber

Die Gesellschaft steckt in einer Sinnkrise. Menschen suchen nach einer Orientierung. Sie fragen danach, was ihrem Leben Sinn gibt, sie erwarten Antworten, wie das Leben lebenswert werden kann. Aber es gibt heute wenige Personen und Institutionen, die glaubhaft Antwort geben können.

Die christlichen Kirchen verfügen zwar über eine große Tradition der Sinnvermittlung. Der christliche Glaube beansprucht, Antwort zu geben auf existentielle Lebensfragen. Aber einer größer werdenden Zahl von Zeitgenossen sind die Kernelemente des christlichen Glaubens fremd. Die Botschaft der Kirchen und ihrer Vertreter kommt vielen eher lebensfern vor, ohne Relevanz für ihre alltäglichen Lebensfragen.

Und dabei sind diese Alltagsfragen oft Fragen, die es in sich haben. Die einen plötzlich überfallen und dann umtreiben können, die eine tiefe Verunsicherung offenbaren. »Wie viel bin ich wert?« – das kann zum bohrenden Zweifel werden angesichts des verbreiteten Leistungsdenkens und des zunehmenden Leistungsdrucks. In einer Zeit, in der Statusdenken und Markenbewusstsein gefragt sind, nagen doch Selbstzweifel: »Bin ich schön genug?« Und viele fragen sich, was sie sich und anderen eigentlich wert sind und wie sie ihre Würde bewahren können.

Ängste, Verwundungen, enttäuschtes Vertrauen prägen als schmerzhafte Erfahrungen unser Leben und führen nicht selten in tiefe Krisen. Überkommene Bindungen brechen auf, traditionelle Lebensmuster verändern sich, gewohnte Verlässlichkeiten entschwinden. Wo erfahren wir Heilung? Auf wen kann man sich verlassen? Wie kann Versöhnung wachsen?

Die Ruhe- und Rastlosigkeit unserer Zeit scheint manchmal die tieferen Lebensfragen zu verschütten. Vielleicht können wir ihnen auch nur leichter entfliehen. Wann nehmen wir uns schon einmal die Zeit, darüber nachzudenken, was im Leben wirklich wichtig ist. Aber die Fragen bleiben doch. »Wo bin ich zu Hause?« und »Was soll aus uns werden?« Auch im Computer-Zeitalter, in Zeiten schier grenzenloser Mobilität und Flexibilität und einer offenen Zukunft in der Hand des Menschen suchen wir nach Verwurzelung, nach Heimat und nach einer Hoffnung, die das Leben trägt.

In einer Sendereihe der hr-Kirchenredaktion haben zehn namhafte Autorinnen und Autoren in hr2, dem Kulturradio des Hessischen Rundfunks, den Versuch unternommen, die Fragen der religiösen Sucher von heute aufzunehmen und Antworten zu formulieren. Die Autorinnen und Autoren zeichnen sich aus durch ihre Zeitgenossenschaft. Zugleich sind sie verwurzelt in ihrer jeweiligen Glaubenstradition.

Sie greifen auf, was Menschen heute umtreibt, was sie beschäftigt, sie ängstigt, wonach sie suchen. Sie beschreiben, worauf sich Zeitgenossen verlassen können bei ihrer Suche nach Identität und Orientierung, und schöpfen dabei aus der reichen Tradition des christlichen Glaubens und der anderen Religionen. Antworten, die nicht nach Vertröstung klingen. Antworten, die selbst durch das Säurebad des Zweifels gegangen sind. Antworten, die Mut machen sollen.

Bei aller Unterschiedlichkeit der auch persönlich geprägten Antworten fallen doch zwei gemeinsame Linien auf: Es ist die Einladung und Ermutigung zu einem Leben, das in einer spirituellen Tradition verwurzelt ist. Und es ist die Aufforderung zu einem Leben in Beziehungen. Beides, so scheint es, kann das Leben tragen.

Frankfurt am Main, August 2003

Lothar Bauerochse
Klaus Hofmeister

Wo bin ich zu Hause?

Bernardin Schellenberger

Auf dem englischen Computer-Keyboard gibt es die Taste HOME. Wörtlich müsste man sie mit HEIM oder »zu Hause« übersetzen, doch wird sie auf der deutschen Tastatur als »Pos1« bezeichnet. Mit ihrer Hilfe kann man sich unverzüglich an den Anfang des Dokuments zurückversetzen, in dem man sich gerade befindet. Das »Daheim«, das »zu Hause« wird also in der Computerwelt als die »Position 1«, die Anfangs-, die Ausgangsposition verstanden: Wohin immer man sich in seinen Dateien und Bildschirmseiten verirrt haben mag, man drücke die Taste »Pos1« und man hat wieder den Anfang, ist wieder daheim, kann an einem verlässlichen Punkt von vorne anfangen. Auch der Begriff HOMEPAGE, wörtlich übersetzt »Heimseite«, unterstellt, das Daheim, das zu Hause sei am Anfangspunkt zu finden; es handle sich um das Basislager, von dem aus man den Aufstieg in unbekannte, riskante Gebiete unternehmen und in das man jederzeit zurückflüchten könne.

Diese ausgerechnet im modernen Medium Computer unterstellte, bemerkenswert konservative Auffassung, man sei dort »daheim«, von wo man ganz am Anfang herkomme, trägt heute kaum mehr. Im wirklichen Leben gibt es keine Taste »Position 1«, die einen unverzüglich HOME, ins fest gegründete »Castle« zurückversetzen würde, in die sichere Burg der unschuldigen Kindheit, von der aus man wieder neu seine Streifzüge in die Welt unternehmen könnte. Abgesehen davon, dass vielen Menschen eine Kindheit beschert war, in die sie auf keinen Fall zurückkehren möchten, ist diese Vorstellung merkwürdig unengagiert und geschichtslos. Dabei wird verkannt, dass das Leben des Menschen im Lauf der Zeit von immer mehr Prägungen und Endgültigkeiten bestimmt wird, hinter die er nicht mehr zurück kann. Auch die äußeren Landschaften der Kindheit verändern sich heute in atemberaubendem Tempo und sind nach einigen Jahrzehnten oft kaum mehr wiederzuerkennen. Es gibt kein Zurück mehr ins Zuhause der Kindheit.

Ließe sich stattdessen ein Heim gründen, in dem man endgültig sicher und geborgen zu Hause wäre? Bei einem Spaziergang durch die Straßen einer Eigenheim-Siedlung im Grünen könnte man diesen Eindruck bekommen: Da sind sie aufgereiht, alle diese mit viel Phantasie gestalteten, gegeneinander mit hohen Hecken, Mauern, Zäunen abgegrenzten Burganlagen, jede ein materialisierter Traum von Geborgenheit und Zuhause. Aber wer Gelegenheit hat, die Verhältnisse näher kennen zu lernen, merkt schnell, wie wenig in vielen davon langfristig das gelebt wird, was sie symbolisieren und versprechen; wie selten diese Wohnzimmer mit erlesenem Mobiliar, diese offenen Kamine und Erker, diese Balkone und Veranden, diese malerischen Gärten wirklich genutzt werden; wie instabil viele dieser Beziehungen und Familien sind, für die hier ein solides Gehäuse angelegt und nach wenigen Jahren wieder verkauft wurde; wie die Bewohner aus beruflichen Gründen die meiste Zeit weit fort von dieser Zuflucht verbringen. Es wäre eine eigene Untersuchung wert, die Sehnsüchte und Phantasien, ja den Mythos genauer zu untersuchen, den namentlich die Deutschen mit ihrem Eigenheim- und Wohnkult pflegen, während sie zugleich Weltmeister im Reisen sind, weil es sie trotz ihrer behaglichen Heime an jedem längeren Wochenende merkwürdigerweise auf die Straßen und in die Ferne treibt. Ist dieser Kult ein unwillkürlicher Reflex auf die Mobilität der modernen Gesellschaft, ausgelöst vom instinktiven Bedürfnis nach Verwurzelung und verlässlichem Daheimsein?

Wo aber und wie können jene zunehmend mehr Menschen zu Hause sein, die nicht auf dem Land im Eigenheim wohnen, sondern aus beruflichen Gründen mobil und flexibel sein müssen und deshalb einige Jahre in Hamburg, dann in New York, dann in München leben, je nachdem, wohin die Firma sie schickt oder sich ein Arbeitsplatz findet? Und erst recht die Menschen, die aus ihrer Heimat vertrieben oder aus wirtschaftlichen Gründen ausgewandert sind und nicht einmal mehr im Haus ihrer Sprache daheim sein können? Die letzten hundert Jahre waren geprägt von Flüchtlings- und Wanderungsbewegungen in einem noch nie da gewesenen Ausmaß und sie scheinen im Zeitalter der Globalisierung weiter anzuschwellen. Da ist für immer weniger Menschen das alte Vorstellungsmodell hilfreich, geschweige denn praktikabel, man müsse zunächst in einer verlässlichen Heimat und Kultur verankert sein und aufwachsen, um in ihr seine Identität zu finden, und erst dann könne man in die große Welt hinausziehen, ohne Gefahr zu laufen, sich zu verlieren.

Entwurzelung weckt Ängste. Im deutschen Eigenschaftswort »unheimlich« ist das Gefühl gefasst, das Menschen überkommt, die ohne Heim und Heimat leben müssen; sie fühlen sich »e-lend«, das heißt: »ohne Land, außer Landes«. Aber »das Ziel aller menschlichen Unternehmungen liegt letztlich darin, glücklich daheim zu sein«, schrieb im 18. Jahrhundert der englische Schriftsteller Samuel Johnson.

Offensichtlich spielten in der Vergangenheit bei der Gewährleistung dieses »Daheimseins« die Religionen eine wichtige Rolle, denn schon die Erfahrung des »Daheimseins« als solche weist so gut wie alle Züge dessen auf, was auch Religion ausmacht: Man ist im Vertrauten eins und geborgen, wird bejaht, gehört dazu, wird von Fürsorge und Vergebung getragen – und ist andererseits abhängig von der Gunst einer höheren Instanz, muss sich einfügen, einsetzen und zurücknehmen, Verantwortung tragen und Rechenschaft ablegen. Die Religionen lieferten ein Weltbild, in dem Gottheit, Menschen – Lebende wie Verstorbene –, Natur, Wohnort, Vergangenheit, Gegenwart und Zukunft ein organisches Ganzes bildeten, das durch feste Riten und Gebräuche als heimatlich erlebt und lebendig erhalten wurde. So ist es kein Zufall, dass die Verteidigung von Tradition und Heimat immer auch religiöse Züge trägt, zuweilen sogar fanatische und militante.

Sieht man sich indes die Religionen genauer an, so entdeckt man neben der gerade beschriebenen Form von Religion, die ein zuverlässiges Zuhause und stabile Verhältnisse garantiert und pflegt, eine geradezu subversive andere Form der Religion, die Tradition und Heimat in Frage stellt und die Menschen auffordert, sich auf den Weg in ein Zuhause zu machen, das erst noch erreicht werden müsse. Ist bei der zuerst genannten Form von Religion Heimat und Zugehörigkeit etwas Vorgegebenes, geradezu Sächliches, in das der Mensch hineingeboren wird und worin er kraft seiner Geburt Bürgerrecht hat, so ist sie in dieser anderen Form eine lebendige Wirklichkeit, die sich jeder Mensch persönlich erringen muss, ohne einen Rechtsanspruch auf sie zu haben.

Die erste Form der Religion war immer wieder die Religion der Besitzenden, Sesshaften und Etablierten, die zweite Form war diejenige der Habenichtse, Nomaden und Wanderer und sie war anscheinend die ursprünglichere, denn die großen Weltreligionen waren am Anfang Religionen von Nomaden, die jedoch im Lauf der Zeit zu Religionen von Sesshaften, von Besitzstandswahrern und Ausgrenzern verbürgerlichten. Derzeit ist mit anzusehen, wie sie alle in die Krise geraten und sich zum Teil verzweifelt wehren, weil die Menschheit auf eine ganz neue Weise wieder in eine Art Nomaden-Zeitalter eintritt. Das könnte jedoch bedeuten, dass auch die großen Religionen wieder auf ihre nomadischen Ursprünge verwiesen werden und, sofern sie sie wiederentdecken und aktivieren, den heutigen Menschen eine relevantere und hilfreichere Spiritualität bieten könnten als mit ihren Sesshaftigkeits-Traditionen.

Als gemeinsamer Stammvater der jüdischen, christlichen und islamischen Religion gilt die legendäre Gestalt des Abraham, an den der Ruf ergangen sein soll: »Zieh weg aus deinem Land, von deiner Verwandtschaft und aus deinem Vaterhaus in das Land, das ich dir zeigen werde. Ich werde dich zu einem großen Volk machen, dich segnen und deinen Namen groß machen. Ein Segen sollst du sein.« Folglich besteht die Ur-Inspiration der großen monotheistischen Religionen aus einem Anstoß zur Mobilität: Nicht dort, wo du geboren bist, ist dein Zuhause. Mache dich deshalb auf den Weg in jenes Land, jenes Zuhause, das dir gezeigt werden wird. Brich auf in die Zukunft: Das war in einer statischen Welt ein Impuls, der bis heute im säkularen Bereich nachwirkt, anscheinend länger als im religiös-spirituellen. Sobald diese Aufforderung nicht mehr spirituell, sondern geografisch verstanden und dann ein konkretes Territorium als das »Gelobte Land« besetzt und als Heimat beansprucht wird; sobald man sich »angekommen« wähnt, geht die Inspiration verloren und wird das Volk nicht mehr zum Segen, sondern zum Anlass von Streit, Ausgrenzung anderer und mörderischen Kriegen. Israel gedachte bereits in vorchristlicher Zeit wehmütig der Jahrzehnte seiner Wüstenwanderung als der Hoch-Zeit seiner religiösen Erfahrung und Geborgenheit, ja paradoxerweise Beheimatung. Damals waren die Zeichen der Nähe seines Gottes Feuersäulen und Wolken gewesen, also nicht greifbare, fixierbare Elemente; sie wandelten sich unablässig und entzogen sich zeitweise und zeigten gerade deshalb eine lebendigere Gegenwart an, als sie ein Tempel vorstellen kann, der aus riesigen Steinquadern aufgebaut, aber ein totes Gehäuse ist.

Damit ist ein für alle Mal das Grundmuster vorgegeben, die Grundspannung zwischen den beiden Alternativen: Man kann sein »Zuhause« in einer lebendigen, aber nie völlig sicheren, berechenbaren Beziehung suchen und finden, oder man kann sein »Zuhause« an einem festen Ort bauen und dabei riskieren, dass aus dem Bauwerk das Leben weicht. Oder anders, abstrakter gesagt: Das »Daheim« kann auf der Ebene des Personalen gesucht werden oder auf der Ebene des Sächlichen. Diese Alternativen schließen sich nicht gegenseitig aus, denn eine lebendige Beziehung braucht und sucht spontan ihre konkrete, auch materielle und greifbare Verwirklichung. Aber offensichtlich neigen die Medien, Riten und Symbole, die die lebendige Wirklichkeit anzeigen und nähren sollten, immer wieder dazu, ein derartiges Eigengewicht anzunehmen, dass sie sich schließlich verselbstständigen und zu Selbstläufern werden. Eines Tages merkt man dann, dass hinter ihnen gar keine lebendige, gelebte Wirklichkeit mehr steckt. Da bauen zwei gemeinsam ein Haus und konzentrieren sich lange Zeit derart auf diesen Bau, dass sie schon bald nach dem Einzug merken, wie darüber ihre Beziehung erstorben ist und ihnen eigentlich nur noch die Scheidung und der Hausverkauf übrig bleibt. Oder das heimatliche Milieu wirkt mit seiner Traditionstreue, seinem Zwang zur Anpassung und seiner Kontrolle erstickend und lähmend, statt Leben zu fördern.

Alle lebendigen Neuaufbrüche stellen Auszüge aus dem Bau dar, um unmissverständlich wieder die lebendige Beziehung zu pflegen.

Kein Wunder also, dass am Anfang der christlichen Religion wieder der Appell zum Auszug ertönte. Jesus von Nazareth sagte, die Füchse hätten ihre Höhlen und die Vögel ihre Nester, er aber besitze nicht einmal einen Stein, auf den er sein Haupt legen könne. Er rief seine Jünger und Jüngerinnen fort aus ihren Familien, Wohnungen und Berufen und wanderte mit ihnen durch das Land. Wer ihm nachfolge und nicht alles verlasse, sei seiner nicht wert, lautete sein hartes Wort. Wieder war »Heimat« nicht etwas Lokalisier- und Greifbares, sondern eine Beziehung, eine Verheißung, eine Wirklichkeit, die auf den Weg setzte und sich nicht fixieren ließ.

Im Neuen Testament, im 11. Kapitel des Briefs an die Hebräer, wird diese Spiritualität des Unterwegsseins als »Glauben« im eigentlichen, tiefsten Sinn beschrieben. »Auf Grund des Glaubens gehorchte Abraham dem Ruf, wegzuziehen in ein Land, das er zum Erbe erhalten sollte; und er zog weg, ohne zu wissen, wohin er kommen würde. Auf Grund des Glaubens hielt er sich als Fremder im verheißenen Land wie in einem fremden Land auf und wohnte mit Isaak und Jakob, den Miterben derselben Verheißung, in Zelten.« Es folgt im selben Text eine lange Liste vieler Beispiele von Menschen aus der Bibel, die sich als »Fremde und Gäste auf Erden« gefühlt und damit zu erkennen gegeben hätten, »dass sie eine Heimat suchten« von einer ganz anderen Art und Qualität, als es eine geografische, politische, soziale und sogar religiöse Heimat je sein könnte.

Einer der ersten Autoren, der das deutsche Wort »Heimat« verwendete, war 1494 der Prediger Johannes Geiler von Keisersberg. Er schrieb in einem Traktat für Pilger: »Erst der Tod führt dich in die Heimat deines Vaterlands, ins ewige Heil.« Genauso dichtete 1666 der evangelische Paul Gerhardt: »Ich bin ein Gast auf Erden und hab hier keinen Stand; der Himmel soll mir werden, da ist mein Vaterland.« 1935 griff der katholische Liederdichter Georg Thurmair dieses Thema auf und formulierte: »Wir sind nur Gast auf Erden / und wandern ohne Ruh / mit mancherlei Beschwerden / der ewigen Heimat zu.« Das Lied wird heute noch gesungen, obwohl es eine für heutige Menschen kaum mehr nachvollziehbare Perspektive bietet, geschweige denn als verheißungsvolle Aussage empfunden wird. Das klingt nach der oft – und zu Recht – kritisierten Vertröstung von unglücklichen Menschen auf ein jenseitiges Glück.

Aber es steckt mehr darin und es lohnt sich, diese Sprache nicht vorschnell abzutun.

Zum einen werden hier Heimat und Zuhause als Utopie bezeichnet, das heißt als Ort, den es als volle Wirklichkeit in dieser uns bekannten Welt nicht gibt. Der Gläubige versteht jedes irdische Zuhause als vorläufig und bestenfalls als Vorgeschmack einer Wirklichkeit, die er nicht schaffen kann, sondern die ihn in der Transzendenz erwartet. Das nimmt seinem Bemühen, sich ein Zuhause zu schaffen, jenen Druck, unter dem die Menschen stehen, die das Diesseits als einzige und letzte Gelegenheit zum Glück betrachten. Außerdem räumt es die Illusion aus, jemals irgendwo definitiv daheim sein zu können.

Die Rede vom himmlischen Zuhause hat allerdings mit dem bereits genannten Problem zu tun, dass die Religion regelmäßig durch eine plumpe Buchstäblichkeit und Materialisierung korrumpiert, ja pervertiert wird, weil ihre Bildersprache nicht mehr verstanden wird. Das wäre in diesem Fall, dass man sich den »Himmel« vorstellte als Zweitauflage eines irdischen, aber dieses Mal glücklichen Daseins. Mit der Hoffnung, unverzüglich in diesen »Himmel« katapultiert zu werden, sprengen sich heute so genannte »Märtyrer« als Attentäter in die Luft.

In Wirklichkeit ist in einer viel tiefgründigeren Schicht der Tradition der »Himmel« schon immer nicht als lineare Fortsetzung der irdischen Lebenslinie begriffen worden, sondern als transzendente, in die Gegenwart hereinblitzende Dimension, von der die Gläubigen hofften, sie werde am Ende der Zeitlinie zur vollen und bleibenden Wirklichkeit.

Weniger abstrakt mit dem Kirchenvater Augustinus aus der Frühzeit der Kirche gesagt: »Wer liebt, lebt da, wo er liebt, nicht da, wo er lebt.« Da leuchtet das wirkliche Zuhause auf, in dem es sich jetzt schon wohnen lässt, auch wenn es noch nicht mit festen Häusern fixiert werden kann. Im Neuen Testament, im 1. Johannesbrief, wird gesagt, wer liebe, sei schon aus dem Tod ins Leben hinübergegangen, sei also in jener »Heimat des Vaterlands« angekommen, von der der Prediger vom Keisersberg schrieb. Gregor der Große schrieb, dass ein solcher Mensch »im Fest der Liebe wohne«, »in solemnitate amoris habitat.«

Oder noch einmal anders gesagt: Ich bin da zu Hause, wo ich liebe und geliebt werde. Wer in dieser Wirklichkeit verankert ist, kann an jedem Punkt der Welt zu Hause sein. Wo zwei einander Liebende miteinander wandern, sind sie, wo immer sie sein mögen, mehr zu Hause als alle, die nicht lieben und in geräumigen, sicheren Häusern wohnen. Aber zwei einander liebende Menschen wären hoffnungslos überfordert, sich Jahrzehnte hindurch nur in der Liebe, die sie einander schenken, gegenseitig Heimat und Zuhause zu bieten. Die Vorstellung, das fertig zu bringen, ist höchst romantisch, aber nicht nur unrealistisch, sondern sogar anmaßend: dass ein Mensch regelrecht des anderen absoluter Bezugspunkt, also »Gott« sein könnte. Daher sprach Gregor nicht vom »ineinander Wohnen«, sondern vom »Wohnen in der Liebe« und verstand unter »Liebe« mehr als die Emotionen füreinander, sondern eine sie beide übersteigende und zugleich inspirierende Wirklichkeit, die er (mit dem Neuen Testament) »Gott« nannte und als solchen ansprach.

Das Christentum brachte aus dem Ideal, ja der Erfahrung heraus, in dieser Wirklichkeit wohnen zu können, eine gewaltige Bewegung des sich Lösens vom örtlichen Zuhause ins Rollen. Die frühen Christen verstanden sich als Weltbürger und nicht an bestimmte Nationen und Kulturen gebunden, weshalb sie als staatszersetzend verfolgt wurden. Unzählige verließen für immer ihre Heimat und Familie und fanden als Mönche und Nonnen unter neuen Namen ihr Zuhause in einer spirituellen Dimension und Gemeinschaft, oft in fernen Ländern und einsamen Gegenden. Irische Wandermönche wählten das lebenslange freiwillige Exil von ihrer Inselheimat, durchquerten zu Fuß ganz Europa und trugen überallhin ihre Glaubensbotschaft. Aber Benedikt von Nursia erkannte, dass wieder ein zu konkret-materielles Verständnis von Wanderschaft anfing, die Spiritualität verkümmern zu lassen. So verpflichtete er seine Mönche zum Bleiben an einem festen Ort: Nicht mit den Füßen, sondern mit dem Herzen gelte es unablässig auf dem Weg zu bleiben. Vielleicht reist heute mancher so ungemein viel in der Welt umher, um vor dem Anspruch zu kneifen, sich stattdessen konsequent auf seinen inneren Weg zu begeben.

Paradoxerweise steckt das Unterwegssein im Zuhause und das Zuhause im Unterwegssein. Schon Laotse schrieb im Tao te king: »Ohne aus der Tür zu gehen, kennt man die Welt. Ohne aus dem Fenster zu schauen, sieht man den Sinn des Himmels. Je weiter einer hinausgeht, desto geringer wird sein Wissen.«

Gregor der Große brachte das Ideal des Mönchsvaters Benedikt auf die Formel, es gehe darum, »unter den Augen des göttlichen Zuschauers ganz bei sich selbst zu wohnen.« Das ist eine verblüffende Antwort auf die Frage, wo man zu Hause sein könne: bei sich selbst, in einer Beziehung der Liebe – wobei sich beides gegenseitig bedingt und stärkt. Bei den Trappisten war es bis vor wenigen Jahrzehnten durchaus üblich, dass eines Abends der Abt erstmals die Liste der Mönche vorlas, die am nächsten Morgen als Trupp zu einer Klosterneugründung in einen anderen Erdteil abreisen sollten. Auch wenn sie auf diese Weise binnen weniger Tage über Tausende von Kilometern versetzt wurden, hatten sie alles Wesentliche, um unverzüglich wieder zu Hause zu sein: die an keinen Ort gebundenen »Augen des göttlichen Zuschauers« und ihre Fähigkeit, »bei sich selbst zu wohnen.«

Das mag ein extremes Beispiel innerer Freiheit sein, kann aber dennoch als inspirierender Beitrag zur Frage dienen, wo ein heutiger mobiler Mensch denn sein Zuhause finden könne:

- Er wird es erstens fertig bringen müssen, fixe Orte loszulassen,
- wird zweitens genug eigene Substanz mitbringen müssen, um »bei sich selbst wohnen« zu können,
- und wird drittens da, wo er ist, zu intensiver Beziehung fähig sein müssen.

Auf die Frage, wo Gott wohne, formulierte Martin Buber die Antwort: »Da, wo man ihn einlässt.« Entsprechend ließe sich auf die Frage, wo der heutige Mensch wohnen könne, die Antwort geben: »Da, wo er sich ernsthaft einlässt.«

Es gehört zum Menschen, den Abschied von einem bestimmten Ort, einer intensiven Beziehung, einem Netzwerk vertrauter Menschen als schmerzlich zu empfinden. Nur autistische Kinder kennen kein Heimweh. Aber genauso gehört zum Menschen die Fähigkeit, loslassen zu können. Der Text des Lieds »Wir sind nur Gast auf Erden« thematisiert die Tatsache, dass der Mensch ein der Zeitlichkeit und Vergänglichkeit ausgeliefertes Wesen ist, dem ein Tag und Ort um den anderen genommen wird.

Nicht genommen kann dem Menschen werden, was er erlebt und gelebt hat. Es gehört zur Fähigkeit des »Wohnens bei sich selbst«, dass man sich alle seine Lebensstationen und erlebten Beziehungen bewusst aneignet und sie als Erinnerungs-Schatz überallhin mitnehmen kann, wohin man auch geht. Wer einen bestimmten Bestand davon verinnerlicht hat, kann überall er selbst sein und sich zu Hause fühlen.

Allerdings wäre es zu wenig, nur vom Vorrat der Vergangenheit zu zehren. Man muss sich auf den Ort, an dem man ist, offen und neu einlassen, wenn möglich sogar auf seine Vergangenheit, seine Geschichte. Auf jeden Fall aber auf seine Gegenwart und auf die dortigen Menschen und ihre Sprache. Besonders wichtig ist es, dem gegenwärtigen Ort nicht mit vorgefassten Erwartungen und Träumen von früheren Orten her Unrecht zu tun und dann mit ihm zu hadern und ihn als ungastlich anzuklagen. Noch einmal: Man wird da daheim, wo man sich einlässt.

Das problematische Gegenbeispiel dafür sind jene Kolonien von Einwanderern oder Gastarbeitern, die sich in einem fremden Land in Ghettos abkapseln und auch nach Jahrzehnten weder richtig die Sprache ihres Gastlandes beherrschen, noch sich je für dessen Kultur und Geschichte, ja nicht einmal Geografie interessieren. Zum Schluss sind sie auch ihrem Heimatland entfremdet, weil sie dessen weitere Entwicklung nicht mehr miterlebt haben, sondern nostalgisch auf dem Stand von vor dreißig, vierzig Jahren stehen geblieben sind und diesen unbedingt erhalten sehen möchten. Darum sind oft Auslandsgruppen – auch deutsche – konservativer, nationalistischer und intoleranter als ihre Landsleute daheim.

Im Deutschen nahm seit gut zweihundert Jahren der Begriff »Heimat« eine derart spezifische Bedeutung an, dass er gar nicht adäquat in andere Sprachen übersetzt werden kann. Das symbolische und vielsagende Zeichen für diesen kulturellen und auch religiösen Umbruch war, dass ab Anfang des 19. Jahrhunderts immer öfter das Kruzifix in der Stube durch das Heimatbild mit stiller Bergsee-Landschaft, röhrendem Hirsch im Waldesgrund oder trautem Dorf im Wiesental abgelöst wurde. Religiös gesehen setzte sich hier wieder endgültig die »Sesshaften«-Sicht gegenüber der ursprünglichen christlichen »Nomaden-Spiritualität« durch. Die Faktoren, die dazu führten, waren vielfältig: unter anderem die französische Revolution und die napoleonischen Kriege, gegen die als Abwehr ein deutsches »Heimatbewusstsein« entwickelt wurde, das die zersplitterten Kleinstaaten einte; eine Reaktion gegen das nüchterne Denken der Aufklärung durch die deutsche Romantik, die vor der Entfremdung des Einzelnen von der Natur zurückschreckte; und der Abscheu gegen die Industrialisierung, gegen die die unberührte Landschaft verherrlicht wurde. Mit Letzterem wird heute noch erfolgreich geworben, wenn etwa auf Plakaten »Unsere Heimat – unser Bier« vor Augen geführt werden und darauf nur makellose Wald-, Wiesen- und Berglandschaften zu sehen sind. Heimat, ursprünglich neutralen Geschlechts, also *das* Heimat – wie noch heute im bayrischen Dialekt »s'Hoimatl« – wurde verklärt zur Urmutter Heimat und mit allen Attributen eines religiös-mystischen Schoßes ausgestattet. Phantasierte und geographische Raumvorstellungen verschmolzen miteinander, die Bilder waren – und sind – deutlich von Männern und ihren erotischen Phantasien geprägt.

1905 schrieb Robert Walser in seinem hymnischen Text »An die Heimat«:

»Ehemals weinte ich. Ich war so weit entfernt von meiner Heimat; es lagen so viele Berge, Seen, Wälder, Flüsse, Felder und Schluchten zwischen mir und ihr, der Geliebten, der Bewunderten, der Angebeteten. Heute morgen umarmt sie mich, und ich vergesse mich in ihrer üppigen Umarmung. Keine Frau hat so weiche, so gebieterische Arme, keine Frau, auch die schönste nicht, so gefühlvolle Lippen, keine Frau, auch die gefühlvollste nicht, küsst mit so unendlicher Inbrunst, wie meine Heimat mich küsst.«

Die Heimat erschien als das Vorgegebene, der Urgrund, das Göttliche; sie stand für Unschuld, Kindheit, Natürlichkeit, die Mutter, das idealisierte Weibliche; für die Aufhebung aller Zwiespalte, Widersprüche, Krisen und Entfremdungen. Vor allem aber: Man konnte sich ihr ohne jede eigene Mühe anheim geben. Eine lange Tradition der deutschen Heimkehr-Literatur von Hölderlin bis Handke beschreibt das Heimkommen als Selbstheilung. Darin sind Reflexion, Selbst, Beziehung, Kritik, Anstrengung, Veränderung keine Themen, denn da gibt man sich in einem idealen Natur- oder Landschaftsraum oder in einer idealen Zeit der Kindheit bei der Mutter der erlösenden unmittelbaren Erfahrung hin, alles sei gut und eins. 1801 schrieb Hölderlin in seinem berühmten Gedicht »Heimkunft«: »Alles scheint vertraut, der vorübereilende Gruß auch / Scheint von Freunden, es scheint jegliche Miene verwandt.« Martin Heidegger wies darauf hin, dass Hölderlin hier mit »scheinen« nicht den bloßen Anschein meine, sondern das Glänzen und Leuchten und Aufscheinen einer Art von mystischer Erfahrung. Gern wurde Meister Eckhart zitiert, der viel vom »göttlichen Grund« spricht, der sich leicht mit konkretem heimatlichem »Grund und Boden« assoziieren und für eine Natur-, Einheits- und Verschmelzungsmystik missbrauchen lässt.

Bei der Verklärung der vorindustriellen Heimat übersah man geflissentlich die harten Realitäten des 19. Jahrhunderts, als zum Beispiel zehn Prozent der süddeutschen Bevölkerung wegen Hungersnöten auswandern mussten und diejenigen mit festem eigenem Zuhause eine Minderheit waren. Vom Fest, an dem der älteste Sohn heiratete und den Hof übernahm, gab es im Schwäbischen die Redensart, dass dabei die jüngeren Geschwister »ihrer Heimat zur Leiche gingen«, das heißt, sie begruben, denn von da an war der Hof nicht mehr ihr rechtmäßiges Zuhause. Viele Frauen verbanden mit »Heimat« eher Gefühle der Enge und Bevormundung und fanden im Verlassen der Heimat die einzige Möglichkeit zur Emanzipation, während die Männer die Heimat als weibliches Element verherrlichten und die Frauen in einer Untertanen-Rolle hielten.

Die romantische Heimatvorstellung ist gefährlich wie eine Droge. Es braucht hier nicht ausgeführt zu werden, wie ungeheuerlich sie zur Zeit des Nationalsozialismus vollends pervertiert und missbraucht wurde. Wo »Heimat« und »Zuhause« materialisiert und landschaftlich und kulturell definiert werden, müssen notwendigerweise immer

Grenzen gezogen und Unterschiede zwischen »Einheimischen« und »Fremden« gemacht werden. Die »Fremden« werden dann unvermeidlich als Verderber der Heimat empfunden, weil angesichts ihrer nicht mehr »alles vertraut scheint, jegliche Miene verwandt«.

So erweist sich jene ursprüngliche Vorstellung, das Zuhause sei nicht in der Vergangenheit, sondern in der Zukunft, und zwar auf der Ebene der *Beziehung*, zu suchen und immer neu zu schaffen, als die fruchtbarere, ja einzig gangbare für eine Weltgemeinschaft, die in Gerechtigkeit, Frieden und Harmonie leben will. Wo lebendige Beziehungen bestehen, werden regionale Besonderheiten und Eigenheiten, Traditionen und Stile als Bereicherung erlebt, nicht als Grenzen; denn es geht ja nicht darum, einen Einheitsstil ständig mobiler Weltbürger zu entwickeln, die überall und nirgends zu Hause wären.

Wie viel bin ich wert?

Hans-Joachim Höhn

»Das sollten Sie sich wert sein!« – Immer häufiger finden sich in meinem Briefkasten Werbeprospekte, die teils mahnend, teils ermutigend an mein Selbstwertgefühl appellieren. Die Bandbreite der Aufforderungen ist beträchtlich: Kreuzfahrten mit einem Luxusschiff in der Karibik sind ebenso dabei wie Wellness-Wochenenden in einem Schweizer First-class-Hotel. Das eine ist als Belohnung gedacht für eine harte Zeit im Leben, die erfolgreich durchgestanden wurde. »Man gönnt sich ja sonst nichts!« Das andere dient der notwendigen Auffrischung von Lebenskraft und Lebensfreude. Vielleicht sollte ich auch auf den Vorschlag eingehen, ein »Anti-Aging-Programm« zu buchen. Dass man das Älterwerden auf später verschieben kann, klingt verlockend. Wer länger jung bleibt, wird später alt. Wenn das Altern vertagt wird, bleibt das Lebensende in weiter Ferne. Für den Fall, dass dabei unerwartete Schwierigkeiten auftreten, sollte ich auf die Offerte einer Zusatzversicherung eingehen. Weil die Standardtarife immer weniger Lebensrisiken abdecken, ist es sinnvoll, beizeiten vorzusorgen. Nicht ganz billig, aber schließlich geht es um meine Gesundheit, meine Sicherheit, mein Leben. Das sollte mir einiges wert sein!

Auf den ersten Blick scheint sich in der modernen Gesellschaft nahezu alles um das Individuum und sein Wohlergehen zu drehen. Der Anspruch des Menschen, etwas Besonderes und Bedeutendes zu sein und in einer besonderen, bedeutungsvollen Welt zu leben, war offenkundig noch nie seiner Einlösung so nahe. Auf politischer Ebene ist seine besondere Würde anerkannt und durch Grund- und Menschenrechte einklagbar geworden. Der medizinische Fortschritt hat Möglichkeiten der Lebensverlängerung geschaffen, welche die Todesgrenze immer weiter hinausschieben. Die Welt ist nicht mehr nur der Ort, an dem man sich einzig den Tod holen kann. Etwas Besseres als den Tod kann der Mensch nun an vielen Orten in dieser Welt finden.

Wo die Macht des Todes beschnitten und die Fesseln der Natur gelöst wurden, kann endlich eine Welt der freien Selbstverwirklichung entstehen. Erst dies ist eine Welt, die des Lebens wert und aller Bemühungen um seinen Erhalt würdig ist.

Bei einem zweiten Blick auf die moderne Gesellschaft wird aber rasch deutlich, dass Wert und Würde des Menschen ihren Preis haben. Die Errungenschaften der Moderne kommen nur jenen zugute, welche sie sich leisten können. Wer auf einer besonderen Lebensqualität besteht, muss dafür zahlen. Was ein Mensch (sich) wert ist, kann man daran festmachen, was sich jemand leisten kann. Es lässt sich aber auch daran ablesen, was die Gesellschaft zu finanzieren bereit ist. Das fängt mit dem Arbeitslosengeld an und endet mit einem Zuschuss zur Miete für Bedürftige. Für beides stehen immer weniger Mittel zur Verfügung. Zugleich steigt der Bedarf – ein untrügliches Indiz für die Bedeutung einer Sache. Wie wichtig und wertvoll etwas ist, zeigt heute aber nicht mehr allein die Nachfrage, die es findet. Es hängt auch nicht von der Dringlichkeit eines Bedürfnisses ab, das erfüllt werden soll. Es macht sich vor allem an dem Preis fest, für den es erhältlich ist. Wenn der Preis stimmt, ist alles zu haben.

Offensichtlich ist der Anspruch des Menschen, etwas Besonderes und Bedeutendes zu sein, nur noch für bestimmte Einkommensschichten einlösbar. Wer genug Geld hat, kann sich alles leisten. »Sich alles leisten zu können« ist die säkulare Definition des religiösen Wortes »Allmacht«. Und wer sein Vermögen in einer frei konvertierbaren Währung anlegt, kann überall hin und kann sich überall alles leisten. »Freie Konvertierbarkeit« ist die säkulare Definition der ehemals religiösen Vorstellung von »Allgegenwart«. An die Stelle eines Gottesverhältnisses ist hier offensichtlich ein Geldverhältnis getreten. Und darum wird das Geld nicht nur zum Maßstab für den Wert von Waren und Dienstleistungen. Es dient auch zur Bewertung von Warenproduzenten und Dienstleistern. Danach richtet sich ihr Verdienst. Und nach dem Einkommen richten sich vielfach auch Status und Prestige. Von beiden hängt wiederum das Selbstwertgefühl ab.

»Verdienen Sie, was Sie verdienen?« Für die Antwort auf diese Frage gibt es im Internet die passende Hilfestellung auf einer speziellen

Homepage. Leitende Angestellte und Manager lassen sich hier nicht über den Börsenwert ihrer Firmen informieren, sondern über ihren eigenen Marktwert aufklären. Über das Anklicken entsprechender Angaben zu Größe und Umsatz eines Unternehmens, zur eigenen Stellung in seiner Hierarchie, zur Zahl der Mitarbeiter errechnet sich das zu erwartende Jahreseinkommen. Jetzt weiß jeder, was ihm zusteht.

Wer viel leistet, darf mit Fug und Recht entsprechende Gegenleistungen erwarten. Wer viel leistet, darf sich auch mit gutem Gewissen viel leisten. Aber daran den Selbstwert, den Eigenwert einer Person festzumachen, ist fatal. Ein solcher »homo oeconomicus«, der sein Selbstbewusstsein aus seiner Kaufkraft und seinem Marktwert bezieht, muss selbst immer etwas zu Markte tragen und zu verkaufen haben. Wer so weit geht, sich mit seinem Marktwert zu identifizieren, muss letztlich auch sich selbst verkaufen. Dies wird heute kaum noch als Unglück empfunden. Wenn über jemanden gesagt wird, er verkaufe sich gut, so ist das meist als Lob gemeint, oft sogar als höchstes Lob. Es kommt nicht mehr darauf an, nur »gut« zu sein, also moralischen Anforderungen zu genügen. Besser dran ist, wer sich »gut verkaufen« kann – so kommt man im Leben am ehesten auf seine Kosten. Manchmal genügt es sogar, sich nur gut verkaufen zu können, – wenn man sonst nichts kann. Zumindest hat man so größere Aussichten, es im Leben zu etwas zu bringen, als wenn man nur »gut« ist.

Ein solches Denken hat Folgen weit über das Wirtschaftsleben hinaus: Wer sich als »homo oeconomicus« in Arbeit und Konsum selbstverwirklichen soll, geht sich in Arbeitslosigkeit und Armut verloren. Meistens machen sich die Verlierer die Werteskala der Gewinner auch noch zu eigen. Die Gleichung lautet dann: Weniger Geld – weniger Wert. Wer am Ende nur noch die bloße Haut zu Markte tragen kann, findet kaum jemanden, der dafür etwas zahlen will. Was keinen Geldwert hat, besitzt auch keinen Eigenwert.

Wohl dem, der am Monatsende noch im Haben und nicht im Soll steht. Der Kontostand gibt nicht nur Aufschluss über das Guthaben eines Menschen, sondern unterrichtet auch über seine »Bonität«, über seine Kreditwürdigkeit. Wie weit man jemandem trauen kann, wie gut jemand dasteht, ist somit einkommensabhängig – und nicht mehr über moralische Standards zu erfassen. Natürlich gibt es immer wieder auch Protest gegen diese Tendenz einer »Monetarisierung« des Lebens. Immer wieder wird Kritik daran geäußert, die Qualität eines Lebens über »geldwerte Vorteile« zu beziffern, die man sich im Leben verschafft. Und immer wieder wird auch darauf hingewiesen, dass es im Leben auf immaterielle Werte ankomme. Wertgegenstände dieser Art sind nicht käuflich. Wie auch die Besonderheit von Grundrechten darin liegt, dass sie unveräußerlich sind. Das soll auch für Wert und Würde des Menschen selbst gelten. Dass sie nicht kostenpflichtig sind, macht sie erst kostbar.

Wer mit Entschiedenheit dafür eintritt, dass Wert und Würde des Menschen buchstäblich »unverrechenbare« Größen darstellen, muss ihre Basis jenseits des Ökonomischen suchen. Was wie ein Ausweg klingt, kann sich jedoch als Sackgasse erweisen. Denn dass es jenseits des Ökonomischen überhaupt eine Rechtfertigung für den Anspruch gibt, vom Wert und der Würde menschlichen Lebens ein besonderes Aufheben zu machen, wird schon lange grundsätzlich in Frage gestellt. Der Gang der Wissenschaft bringt seit geraumer Zeit immer neue Erkenntnisse hervor, die es fraglich machen, ob der Anspruch des Menschen überhaupt berechtigt ist, etwas Besonderes und Bedeutendes in einer besonderen und bedeutungsvollen Welt zu sein. Kopernikus, Darwin, Marx, Nietzsche und Freud markieren jene Zäsuren, an denen sich diese Vorstellung als trügerisch erwiesen hat: Der Mensch besetzt keinen archimedischen Punkt im Weltall, um den sich alles dreht. Er ist als Naturwesen das Produkt einer Evolution, die nach dem Muster von Versuch und Irrtum überlebensfähige Lebewesen hervorbringt, die ihrerseits genetisch so programmiert sind, dass sie das tun, was für die Optimierung ihres Genpools am besten ist. Als soziales Wesen ist der Mensch ein Rädchen im Getriebe der wirtschaftlichen Produktivkräfte. Als Kulturwesen bringt er eine Moral hervor, die nur dazu dient, seine genetisch und sozialgeschichtlich bedingten Mängel zu kaschieren. Als Vernunftsubjekt ist er nicht Herr über sich selbst, sondern Kurier der Botschaften, die zwischen seinem Über-Ich und den Tiefenschichten seiner Psyche ausgetauscht werden. Die Genforschung zeigt den Menschen nicht als Krone der Schöpfung, sondern als deren Rohstoff. Sich selbst zu erkennen, heißt nun, sich als Bündel genetischer Informationen zu begreifen und in den Griff zu bekommen. Dies hat den Vorteil, dem Dasein eigenhändig ein Design geben zu können. Allerdings wird sich die Beförderung des Menschen zum »Geningenieur« nicht lange halten. Die passende Desillusionierung hält schon die Neurobiologie bereit: Geist und Intellekt sind hier nichts anderes als neuronale Ereignisse in bestimmten Hirnarealen. Der Mensch ist nicht Ingenieur, sondern das Labor, in dem die Selbstorganisation des Materiellen stattfindet.

Aber nicht nur die Behauptung einer Sonderstellung des Menschen *in* der Welt ist prekär und problematisch. Auch der Gedanke an eine Sonderstellung *der* Welt im Kosmos scheint überholt. Jedenfalls gibt es keine ernsthafte Theorie der Astrophysik mehr, die diese Ansicht stützt. In einem unermesslichen Weltraum, der weder Mitte noch Anfang und Ende kennt, ist die Erde nichts anderes als ein unbedeutender, vergänglicher Stern am Rand einer durchschnittlich großen Spiralgalaxie. Im kosmischen Ganzen ist sie kaum von Belang. Wie kann es im Kontext solcher Bedeutungslosigkeit etwas Bedeutendes geben?

So verkürzt und überspitzt diese Bestimmungen des Menschen auch sein mögen, so bedrängend ist doch die Problemanzeige, die darin zum Ausdruck kommt: Was hat es mit dem Menschen letztlich auf sich? Mit welchem Recht kann er im Kontext der Bedeutungslosigkeit für sich selbst Bedeutung, Wert und Würde beanspruchen? Die angedeutete Einordnung des Menschen in einen letztlich bedeutungslosen Natur-, Geschichts- und Sozialzusammenhang schränkt den Spielraum für die Beantwortung dieser Frage merklich ein. Diese Einschränkung wird aber offensichtlich dadurch ausgeglichen, dass die bisher von Natur aus unverfügbaren Bedingungen menschlichen Daseins zunehmend in den Verfügungsbereich des Menschen rücken. Was die Natur aus ihm macht, ist inzwischen vom Menschen selbst abhängig. Ehe die Natur etwas aus ihm macht, macht der Mensch etwas aus und mit der Natur. Was bisher Voraussetzung seines Daseins war, wird nun zur Folge seines Denkens und Tuns. »Der Mensch ist nichts anderes als das, wozu er sich macht« (J.-P. Sartre). Wenn er nicht von Natur etwas Bedeutendes ist, kann er sich dann nicht trotzdem selbst zu einem Wesen machen, das etwas Besonderes wird? Kann er nicht aus eigener Kraft in seiner Welt für sein Dasein eine Wertsteigerung erzielen?

Was es mit dem Leben, seinem Wert und seiner Würde auf sich hat, richtet sich nach gängiger Auffassung in der Tat danach, was man aus dem Leben macht. Diese Auskunft ist jedoch eher Ausdruck des Problems als dessen Lösung. In der Philosophie steht der Begriff »Wert« traditionell für jene Eigenschaft einer Sache oder einer Person, weswegen sie vernünftigerweise gewollt, erstrebt, begehrt oder geschätzt werden kann. Auch die Welt und die Existenz des Menschen in der Welt können darauf befragt werden, unter welcher Rücksicht sie attraktiv oder annehmbar sind. Ob es dafür eine vernünftige Rücksicht gibt, wird von kritischen Zeitgenossen bezweifelt. Zuviel spricht eigentlich dagegen, dass die Welt, so wie sie ist, vernünftigerweise akzeptiert werden kann.

Wenn die Welt von sich aus noch nicht akzeptabel ist, so kann man diesem Mangel vielleicht abhelfen. Was nicht ist, kann ja noch werden – durch menschliches Zutun. Die Moderne ist davon überzeugt, dass der Mensch einiges tun kann, um die Welt zustimmungsfähig zu machen. Erneut begegnet hier die Überzeugung: Wenn es mit dem Dasein in dieser Welt etwas auf sich haben soll, dann ist dies eine Frage der Machbarkeit.

Allerdings blendet diese Überzeugung ein Problem aus, das elementar mit der Herstellung von Daseinsakzeptanz durch die Verbesserung der Lebensverhältnisse zu tun hat. Jeder Anspruch, durch die Veränderung der Weltverhältnisse – auch mit den Mitteln der Biotechnologien – die Welt akzeptabler zu machen, muss davon ausgehen, dass die Welt nicht von vornherein etwas Missglücktes oder unaufhebbar Misslungenes darstellt. Wer etwas zum Besseren verändern möchte, kommt nicht umhin, es für besser zu halten, etwas zum Besseren zu verändern, als es bleiben zu lassen. Es kommt hierbei nicht alles auf das Tun des Menschen an. Die Welt muss von sich aus wenigstens Akzeptanzsteigerungen ermöglichen und einen Ansatz dafür bieten, sie annehmbar zu machen. Aber das reicht noch nicht. Die Welt müsste auch von sich aus einen Anhalt für die Überzeugung geben, es sei besser, sie zu verbessern als es zu unterlassen. Nur dann zeigt sich, dass sie nicht nur Verbesserungen ermöglicht, sondern dieses Aufhebens auch wert ist. Ob diese Annahme berechtigt ist, lässt sich aber an der Welt nicht ablesen. Es könnte sein, daß sie letztlich »unverbesserlich« bleibt. Dann wären alle Anstrengungen der Daseinsoptimierung sinn- und wertlos. Deswegen erübrigt sich keineswegs die Frage, ob das Dasein der Welt überhaupt etwas Wertvolles ist. Wenn die Welt etwas unaufhebbar Misslungenes darstellt, kann man sich jegliche Mühe der Weltverbesserung sparen. Wenn sie es aber nicht ist, müsste sich dann nicht etwas vom ursprünglichen »Gut-sein« der Welt in Erfahrung bringen lassen!?

Wie prekär jedoch die Ermittlung einer solchen Erfahrungsbasis ist und in welche Paradoxien sie gerät, ergibt sich bei einem nochmaligen Blick auf die Verfassung des menschlichen Daseins in dieser Welt. Von einem ursprünglichen Sinn des Lebens und Wert des Daseins ist dabei nichts zu erkennen. Man braucht dazu nur auf die Umstände zu sehen, unter denen sich menschliches Leben abspielt:

Das Größte, das dem Menschen im Blick auf das Eigensein der Welt erfahrbar ist, das physische Weltall, zeigt sich nämlich gleichgültig gegenüber allem, was in ihm geschieht. Im Kosmos gibt es keine Anzeichen dafür, dass unser Planet oder unsere Galaxie etwas Bedeutendes ist. Man kann im Gegenteil das Fehlen solcher Anzeichen sogar als Indiz für die Bedeutungslosigkeit und die Nichtigkeit des Menschen deuten. Wenn das Weltall dem Menschen letztlich nur seine Winzigkeit und Unerheblichkeit vor Augen führt, so wird es nahezu unmöglich, das gesamte Weltgeschehen noch als sinnhaftes Ereignis zu sehen und auf den Menschen zu beziehen.

Andererseits ist das Nächste, das dem Menschen erfahrbar ist, sein eigenes Dasein, ihm nicht gleichgültig, sondern höchst bedeutsam. Gegen die Indifferenz des Kosmos angesichts allem, was in ihm geschieht, setzt der Mensch die Differenz, dass er sich und seine Welt wichtig nimmt, an sich und seiner Welt interessiert ist. Er tut dies gegenüber einer Natur, die an diesem menschlichen Selbstinteresse nicht erkennbar interessiert ist. Dasein heißt somit: sich selbst wichtig nehmen angesichts einer Wirklichkeit, welche dieses Insistieren auf

Bedeutung mit Desinteresse quittiert. Damit entsteht das Paradox, dass der Mensch sein für ihn höchst bedeutsames Dasein als für die Natur und den Kosmos ganz und gar gleichgültig und unerheblich anerkennen muss.

Für viele Skeptiker behauptet der letzte Satz schon zuviel. Es ist für sie der Ausdruck metaphysischer Wichtigtuerei. Ihr Einwand zielt darauf, ob es der Mensch wirklich wert ist, dass man seinem Daseinsinteresse soviel Gewicht beimisst. Das 20. Jahrhundert durchzieht eine Blutspur der Gewalt, der Unterdrückung und Ausbeutung. Wo sich ein Wesen offenbart, dessen Aggressivität es im Vergleich zu jedem »Raubtier« als die größere Bestie, als »Untier« erweist, verwandelt sich jede an den Menschen geknüpfte Weltverbesserungserwartung als Trug. Es ist keineswegs ausgemacht, ob der Mensch es wirklich verdient, zur Welt zu kommen. Und noch viel weniger ist erwiesen, dass er fortexistieren soll mit einer Welt. Denn er weiß ja um ihre Verbesserungsnötigkeit ebenso wie um die Tatsache, dass der Nebeneffekt seiner Weltverbesserungen immer auch die Verschlechterung der Welt war. Die unbestrittene Verbesserungsnötigkeit besagt eben nichts über die Erfolgsaussichten. Eher sind die unbetrittenen Mißerfolge ein Anzeichen für die fehlende Verbesserungswürdigkeit. Nimmt man beides zusammen, lässt sich daraus erst kein Argument für den Fortbestand der Menschheit zum Zwecke der Selbst- und Weltverbesserung ableiten.

Allerdings wird hier der zweite Schritt vor dem ersten getan. Die Frage des Weiterlebens stellt sich demjenigen nicht mehr, der überzeugt ist, es sei besser, nicht geboren zu sein. Wenn man das Nichtsein dem Dasein vorzieht, erledigt sich die Aufgabe der Daseinsakzeptanz. Es geht auch nicht um die Alternative, ob man sich mit den kleinen und großen Annehmlichkeiten im Leben über alles Unannehmbare hinwegtrösten will. Die entscheidende Aufgabe besteht darin, nach einer Hinsicht zu suchen, die es rechtfertigt, angesichts des Inakzeptablen in der Welt das Leben in und mit dieser Welt dennoch anzunehmen. Wer sich für dieses »dennoch« entscheidet und seinen Teil zur Verbesserung der Welt beitragen will, steht erneut vor der Frage nach dem ursprünglichen »Gut-sein« der Welt. Erneut zeigt sich: Jeder Anspruch, durch Veränderung der Weltverhältnisse die Welt akzeptabler zu machen, muss davon ausgehen, dass die Existenz dieser Welt nicht von vornherein einem Verhängnis oder einem unverdienten Unglück gleichkommt – mag es dafür auch manchen Anschein geben. Insofern müsste das Ziel menschlichen Bemühens um ein sinnvolles Dasein zugleich dessen Ursprung sein: ein Dasein, dass per se nicht absurd oder gleichgültig ist, sondern zustimmungsfähig und Zustimmungen ermöglichend.

Ob man mit der Welt etwas anfangen kann, hat damit zu tun, wie die Welt selbst angefangen hat. Ein guter Anfang erleichtert ihre Akzeptanz. Wie aber lässt sich ergründen, wie alles angefangen hat? Diese Frage nach den Anfangs- und Akzeptanzbedingungen des Daseins zielt nicht auf eine Theorie der Weltentstehung, die in Konkurrenz zu naturwissenschaftlichen Erklärungen vom Anfang des Lebens treten könnte. Hier geht es nicht um einen datierbaren Anfang im zeitlichen Sinn, den man hinter sich bringen kann. Vielmehr geht es um Grundlegendes, das bleibend alle Daseinsvollzüge bestimmt, mit dem man immer wieder etwas anfangen kann und das die Voraussetzung für jeden »guten« Anfang bildet.

Die naturwissenschaftlichen Auskunfteien zeigen sich angesichts dieses Themas rasch »überfragt«. Sie überweisen den Fragesteller dann gerne an Instanzen, die »jenseits« der empirischen Wissenschaften angesiedelt sind. Als erste Adresse bietet sich die Philosophie an; Mythos und Religion beanspruchen für Sinnfragen ebenfalls Zuständigkeit. Für ihre Anhänger sind sie für die Klärung existenzieller Fragen sogar die besseren Adressen. Dieser Streit muss hier nicht entschieden werden. Begnügen wir uns mit dem Vorschlag, dass Mythos und Religion mit ihren Ursprungsreflexionen keine schlechte Adresse darstellen. Dies gilt in besonderer Weise für die Schöpfungserzählungen in der Bibel (Gen 1-2). Hier wird die Frage nach dem Herkommen der Welt gestellt als Frage nach den Bedingungen für einen guten Anfang der Welt.

Die Antwort auf diese Frage steht jedoch eigenartig quer zu den Erwartungen des Fragestellers. Laut Auskunft der Bibel hat die Akzeptanz der Welt damit zu tun, dass sie »gutgeheißen« werden kann. Mit dem Gutheißen der Welt endet jeweils ein Schöpfungstag. Neunmal heißt es (in Gen 1,1-2,4a): »Gott sprach – so geschah es – Gott sah, dass es gut war.« Das Wort »gut« (hebr. »tob«) ist in diesem Zusammenhang am besten mit dem altmodischen Wort »wohlgetan« wiederzugeben. Das Gelungene, Wohlgetane macht es aus, dass Gott daran sein »Wohlgefallen« hat. Darum schwingt in dem hebräischen Wort »tob« auch die Bedeutung »schön« mit. Schön und gut ist das, woran man seine Freude hat. Darin liegt auch sein besonderer Wert.

Aber gerade an diesem Punkt beginnt die Irritation. Sinn und Wert der Schöpfung haben in dieser Geschichte nichts mit dem zu tun, womit üblicherweise etwas als »gut« und »wertvoll« ausgezeichnet wird. Meist ist damit der Gedanke der Zweckdienlichkeit verbunden. Das heißt: Sinn und Wert hat, was als Mittel für das Erreichen eines Zieles geeignet ist. Sein Gebrauchswert hängt davon ab, wozu man es vorzugsweise gebrauchen kann oder welche Funktion es erfüllt – wie etwa ein Werkzeug oder ein technisches Gerät. Zum Einschlagen von Nägeln empfiehlt sich darum eher ein Hammer als eine Zange. Sinn- und wertlos ist, was zum Erreichen bestimmter Ziele nichts beitragen kann, weil es etwa einen Defekt hat. Mit einem stumpfen Skalpell in der Hand wird kein Chirurg eine Operation beginnen. Sinn und Wert kann auch dasjenige haben, was etwas bedeutet, was zu denken gibt oder gedeutet werden kann – wie etwa die Partitur eines Musikstücks, die interpretiert, gespielt werden kann.

Im Schöpfungsmythos der Bibel findet sich keiner dieser Sinn- und Wertbegriffe, mit dem gesagt werden könnte, wozu die Welt »gut« ist. Er enthüllt keinen göttlichen Plan, in dem jedes Geschöpf eine bestimmte Rolle zu spielen hat, die seinem Leben Sinn und Halt gibt. Er offenbart kein Drehbuch für die Weltgeschichte, das auf seine Verfilmung wartet. Für die Biographie des Menschen ist keine Partitur hinterlegt, die einstudiert und abgespielt werden könnte. Gemessen an diesen Vorstellungen ist die Schöpfung bar jeder Bedeutung. Sie ist noch nicht einmal unbedeutend, weil von geringem Wert, sondern bedeutungslos. Im letzten hat es nichts mit ihr auf sich. Ähnlich steht es um die Welt, wenn nach ihrer Zweckdienlichkeit gefragt wird. Gemessen an diesem Kriterium ist sie zu nichts zu gebrauchen. Und die Suche nach einem besonderen Daseinszweck erweist sich selbst als zwecklos.

Die Suche nach dem Grund für die Erwartung, mit dem Dasein des

Menschen und seiner Welt könnte es etwas Besonderes auf sich haben, muss offensichtlich ergebnislos abgebrochen werden. Ein solcher Grund ist nicht zu sehen. Die Welt existiert offenkundig grundlos. Was moderne Daseinsskeptiker immer schon wussten, scheint der biblische Schöpfungsmythos zu bestätigen. Aber er versieht dieses Wissen mit einer besonderen Pointe, die eine nihilistische Deutung des Daseins dementiert: Das Gut-Sein der Welt besteht nicht darin, dass sie *für* etwas gut ist, dass sie ein geeignetes Mittel für das Erreichen weiterer Ziele ist. Das einzige Ziel, das Gott mit der Erschaffung der Welt im Auge hat, ist ihr Dasein als solches. Gerade deswegen ist die »Grundlosigkeit« der Schöpfung für alle Geschöpfe eine Wohltat. Ihr Dasein trägt seinen Zweck in sich selbst. Nur ein solches Dasein ist sinnvoll. Es zählt zu den Sinnbedingungen des Daseins, dass es keinen »höheren« Zweck hat, auf den hin es entworfen wurde. Dies ist wiederum eine Voraussetzung für die freie Akzeptanz des In-der-Welt-Seins. Das eigene Dasein lässt sich nur dann als Wohltat empfinden, wenn es allen Zweck- und Nutzenbestimmungen enthoben ist. Es wäre fatal, wenn der Mensch seine Daseinsberechtigung auf der Basis bestimmter Zweckdienlichkeiten immer neu beweisen müsste. Es wäre verhängnisvoll, wenn wir durch unser Leben Gründe dafür liefern müssten, die eine Antwort geben auf die Frage: Mit welchem Recht bist Du auf der Welt?

Dass die Schöpfung in den Augen Gottes gut ist, bedeutet, dass seine Geschöpfe davon entlastet und befreit sind, ihre Daseinsberechtigung selbst nachweisen zu müssen. Genau das ist die Antwort, die der biblische Ursprungsmythos auf die Sinn- und Akzeptanzparadoxie unseres Daseins gibt: Er nennt die Bedingung dafür, dass und warum sich der Mensch für bedeutsam halten darf, auch wenn in der ihn umgebenden Wirklichkeit kein Grund zu finden ist, der seine Selbst-Wertschätzung rechtfertigt. Diese Bedingung ist das voraussetzungs- und bedingungslose Freigelassensein ins eigene Dasein, das wohltuende Unterschiedensein vom Nichts. Sofern dieses Geschaffensein bedingungslos und zweckfrei ist, erweist sich die Frage, »warum« Gott Welt und Mensch erschaffen habe, als unsinnig. Eine solche Frage sucht nach Bedingungen, Gründen und Zweckbestimmungen für ein Dasein, dessen »Grundlosigkeit« doch gerade die Grundlage seiner Würde und seines Eigenwertes ist.

Wer bei der Frage nach dem Grund des Daseins auf die Kategorie der Grundlosigkeit stößt und dies als »wohltuend« ausgibt, löst als erste Reaktion meist ein heftiges Kopfschütteln aus. Hier wird anscheinend zusammengebracht, was nicht zusammengehört. Mit »Grundlosigkeit« assoziiert man zunächst Willkür und Beliebigkeit – also jenes, was Wert und Sinn untergräbt, anstatt beides zu ermöglichen. Wer sich aber von dieser Fixierung befreit, dem geht eine Alternative auf. Etwas grundlos zu tun, heißt auch: keine Hintergedanken und Nebenabsichten zu hegen, sondern etwas um seiner selbst willen zu wollen. Jemanden grundlos ins Leben rufen und am Leben erhalten ist identisch mit dem Vollzug der unbedingten Bejahung. Wer jemanden unbedingt bejaht, will nichts von ihm oder ihr, sondern für ihn und sie: *dass* er und sie ist, dass er oder sie *frei* ist und sich selbst zu *eigen* ist.

Grundlosigkeit erweist sich in diesem Hinblick als eine Freiheits-, Identitäts- und Sinnbedingung menschlicher Existenz. Allein ein Dasein, das allen Zweck- und Nutzenbestimmungen enthoben ist, an dessen Seinkönnen keine Vor- oder Nachbedingungen gestellt werden, das nicht als Emanation, Funktion oder Platzhalter einer anderen Größe begegnet, ist sich wirklich selbst ganz gegeben, frei überantwortet und kann Zweck an sich selbst sein.

Skeptischen Zeitgenossen wird selbst diese »minimalistische« These vom Sinn und Wert des Daseins als weit überzogene Ausdeutung der Grundlosigkeit des Daseins vorkommen. Sie werden eine »nihilistische« Deutung menschlicher Daseinsverfassung vorziehen. Und sie werden die Rede über Wert und Würde des Menschen angesichts des Fehlens anderer Evidenzen höchstens unter Vorbehalt gelten lassen. Den Anspruch eines vielfach bedingten Menschen auf unbedingten Respekt seiner Würde werden sie allenfalls innerhalb der Grenzen seiner individuellen Vorzüge und Qualitäten, seiner gesellschaftlichen Relevanz oder des Nutzens für den Fortgang der Evolution anerkennen. Das ist nicht wenig, aber letztlich stellt es Wert und Würde des Menschen doch wieder zur Disposition. Ist ein Leben annehmbar, in dem jeder Mensch nur auf Zeit und unter Vorbehalt Anerkennung und Respekt findet? Muss er sich in einer solchen Welt nicht als austauschbar, entbehrlich und letztlich als verzichtbar und überflüssig vorkommen? Kommt dies nicht dem Verhängnis gleich, als einer leben zu müssen, für den und seine Umwelt es im letzten keinen Unterschied macht, wenn es ihn ebenso gut nicht gibt?

Diese Fragen drängen darauf, nochmals sich dem zu stellen, was es mit der Grundlosigkeit des Daseins auf sich hat. Sie gleicht einem Vexierbild, einem »Kippbild«, in dem je nach Blickwinkel für zwei Betrachter jeweils ein anderes Bild sichtbar wird. Für den einen ist es die »nichtige« Grundlosigkeit, für den anderen die »wohltuende« Grundlosigkeit des Daseins. Welche ist das »wahre« Bild? Ist es bloß eine Sache der Einstellung, was man für »wahr« hält? Aber auch die Wahl einer Einstellung ist begründungspflichtig, soll sie von Willkür unterscheidbar sein. Um eine solche »Lebensentscheidung« kommt der Mensch nicht herum. Sie wird nicht in einer neutralen, distanzierten Haltung zu fällen sein. Man muss sich vielmehr »hineinziehen« lassen in den Widerstreit zwischen der Überzeugung von der »nichtigen« Grundlosigkeit des Daseins und der Wahrnehmung einer »wohltuenden« Grundlosigkeit, mit der dem Menschen sein Leben und seine Welt gegeben wird. Für welche Seite des Widerstreites man sich entscheidet, wird wesentlich mit den Konsequenzen zusammenhängen, die sich daraus ergeben.

Das Setzen auf die wohltuende Grundlosigkeit des Lebens hat nur dann etwas für sich, wenn es nicht folgenlos bleibt. Wenn es keine wohltuenden Folgen hat, taugt es nicht als Voraussetzung für ein sinnvolles Leben. Grundlos und zweckfrei sein Leben annehmen zu können, ist nur dann das Erste und Beste, was dem Menschen widerfahren kann, wenn es im Leben seine Fortsetzung findet. Das schließt den Widerstand gegen ein Dasein ein, das völlig verzweckt wird. Kann man eines verzweckten Lebens auf Dauer froh werden? Zum Beglückenden am Glück gehört, dass man zwar einiges für es tun kann, es aber nicht machbar ist. Es bleibt die freie »Zutat« zu unserem Bemühen. Zum Glück gehört, dass es keine Bedingungen und Forderungen stellt. Das macht es kostbar, unbezahlbar – und deswegen gerade nicht zu einem Privileg der Betuchten und Besserverdienenden.

Was ist mir wichtig?

Ina Praetorius

Das Leben besteht zu einem großen Teil aus relativen Wichtigkeiten: Wenn ich mir vorgenommen habe, eine bestimmte Berufsausbildung zu machen, dann ist es mir wichtig, die Abschlussprüfung zu bestehen. Wer sich in seiner Wohnung wohlfühlen will, muss sie hin und wieder putzen. Dass mir immer wieder neu wichtig werden kann, was mich tagaus tagein beschäftigt, macht das Leben reich. Nichts Höheres muss meinen Alltagskram legitimieren oder relativieren, solange ich mit ihm glücklich bin und niemanden schädige.

Dennoch taucht zuweilen die Frage nach einer größeren Wichtigkeit hinter all den schönen oder lästigen Beschäftigungen auf. Sie entsteht, weil die meisten Menschen sich selbst und einander Rechenschaft darüber ablegen wollen, was ihr Leben eigentlich bedeutet. Und weil viele ein Bedürfnis nach Ordnung haben, gerade was die eigene unverwechselbare Existenz betrifft.

Man kann die Frage nach der größeren hinter all den kleinen Wichtigkeiten mit persönlichen Vorlieben beantworten: Wichtig ist mir, was mir besondere Freude macht: die Musik, Reisen oder Golf spielen. – Es ist auch möglich, der Frage mit einer potenziell unendlichen Reihe aus Zweck-Mittel-Relationen zu begegnen, zum Beispiel so: Diese Prüfung zu bestehen ist mir wichtig, weil ich dann später den Beruf ausüben kann, der es mir erlaubt, endlich Geld zu verdienen, damit ich eine Familie gründen kann, die mich hoffentlich aus meiner Einsamkeit befreien wird. – Oder man kann den Kreislauf der vielfältigen Tätigkeiten an irgendeiner Stelle unterbrechen, um eine der relativen Wichtigkeiten zum absoluten Wert zu erklären. Viele Leute zum Beispiel sagen, sie lebten *letztlich* für ihre Familie. Auch für mich ist das Zusammensein mit meiner Familie oft so etwas wie »das Ziel aller Wünsche«: Eine Zeit intensiver beruflicher Arbeit lässt sich krönen durch die freien Tage im Kreise der Liebsten – an deren Ende ich mich dann wieder auf die neu entstandenen Wichtigkeiten des beruflichen Schaffens freue.

Wirklich zufrieden bin ich mit keiner dieser drei Möglichkeiten, das sogenannt wirklich Wichtige vom relativ Wichtigen zu unterscheiden. Ureigene Vorlieben sind gut, um sich selbst als einzigartige Person zu spüren, aber wenn ich sie zu sehr in den Vordergrund rücke, zeigt sich ihre Willkür und sie trennen mich von anderen. Die Aneinanderreihung relativer Wichtigkeiten scheinbar ohne Ende erweist sich irgendwann als bloße Problemverschiebung: Die meisten Menschen werden spätestens in Krisensituationen eingeholt von der Frage, wozu sie *eigentlich* da sind. Und die gängige Art, das Leben zweizuteilen in höhere Werte und belangloses oder funktionales Dahinleben, ist doppelt problematisch: Zum einen passen die traditionellen Aufteilungen in höhere und niedrige Sphären oft nicht zu meinem Lustempfinden. Das kann zu Scheinheiligkeiten und Selbstbetrug führen. Ein prominentes Beispiel für ein grobes Missverhältnis zwischen offizieller Wertung und unmittelbarem Empfinden ist die negative Einstellung der traditionellen kirchlichen Moral zur Sexualität: Wer einen Aspekt unseres Zusammenlebens, der ebenso notwendig wie genussvoll ist, für niedrig und schmutzig erklärt, erzeugt ein ganzes unnützes Universum von Verkehrtheiten, aus dem wir uns heute mit viel Mühe befreien. Zum anderen ist »das Höhere«, um seine Höhe zu halten, zwingend angewiesen auf Niedriges. Wer bestimmte Sphären des menschlichen Lebens, zum Beispiel die Mathematik, Wolfgang Amadeus Mozart, die Vernunft, den Klassenkampf oder die Nächstenliebe, mit höheren Weihen ausstattet, ist gezwungen, andere Bereiche, zum Beispiel Fußball, zeitgenössischen Pop, Gefühle, Bürgerlichkeit und die Liebe zu sich selbst, schlecht zu machen. Die Stufenleiter-Methode der Unterscheidung von großen und kleinen Wichtigkeiten schreibt uns gewissermassen vor, die Vielfalt des Daseins in vorgefertigte Schubladen einzusperren, statt Fremdes interessiert *als andersartig* wahrzunehmen.

Mir behagt es nicht mehr, mich höherer Wichtigkeiten dadurch zu vergewissern, dass ich einen Teil der Welt zum Minder-Wert erkläre. Und ich finde es auch unnötig, gegen Gefühle und Neigungen anzukämpfen, bloß weil irgendein Papst aus durchaus fragwürdigen Gründen einmal beschlossen hat, sie für liederlich zu erklären.

Es gibt noch mindestens eine andere Möglichkeit, in die Vielzahl der relativen Wichtigkeiten Ordnung und Sinn einzulassen: das Gebet.

Für viele Menschen liegen Begriff und Sache des Gebets vergraben unter dicken Schichten unverständlicher Tradition. Die einen probieren deshalb erst gar nicht, dem altmodischen frommen Brauch noch Leben zu entlocken. Andere versuchen, die Schichten in mühsamer denkerischer Kleinarbeit abzutragen, um schließlich zu einem intellektuell vertretbaren Begriff des Gebets vorzudringen, dem dann, wer weiß, auch schüchterne praktische Versuche folgen. Oder man kann einfach anfangen zu beten, unbeeindruckt von der Fülle der frommen und überlegen kritischen Lehren.

Ich habe vor einigen Jahren, nicht ganz freiwillig, den letzten dieser drei Wege angetreten. Als man mir mitteilte, dass ich multiple Sklerose habe, hörte ich auch von durchaus unfrommen Schulmedizinern, jetzt sei es wichtig, regelmäßige Ruhepausen einzulegen und Stress abzubauen. Ich legte also regelmäßige Ruhepausen ein, baute Stress ab und stellte nach einiger Zeit fest, dass ich damit schon angefangen hatte zu beten. Beten bedeutet nämlich zunächst und vor allem, regelmäßig Abstand zu nehmen vom Beschäftigtsein, um dem Leben immer wieder Gelegenheit zu geben, transparent zu werden auf seinen Hintergrund. Manchmal bedeutet Beten Warten – auf »Eingebung« oder »Erleuchtung« sagten unsere Vorfahren, also einfach darauf, dass plötzlich klar zutage tritt, was wichtig und was unwichtig ist und was als nächstes geschehen soll. Manchmal ist Beten eine Konzentrationsübung, manchmal wunderbar langweilig: ein genüssliches Dahinvegetieren, dem die Zeit sich in ihrer ursprünglichen Neutralität zeigt. Konventionelle – bildungsbürgerliche, linke, ökologische, feministische, kirchliche, akademische – Maßstäbe des Bewertens machen sich leise oder mit Getöse davon und lassen eine befremdliche Leere zurück, in die zuweilen unvermittelt die reine Daseinsfreude einbricht. Manchmal bricht sie auch nicht ein, dann gibt es die Hoffnung auf morgen. Gestern schickte Beten mich ins gewohnte Tun, heute ins Lassen, morgen vielleicht in ein Tun, von dem ich mir nicht hätte träumen lassen, dass es mir jemals wichtig werden könnte. Jedes Beten ist anders. Gleich bleibt nur die Gewissheit, dass der Weg nicht abbricht, sondern durch immer neue Landschaften führen wird, die ich heute noch nicht, aber morgen vielleicht sehe.

»Gott, du füllst uns mit Ewigkeit« schreibt Carola Moosbach in einem ihrer Gebete. In einem bekannten Gebet von Romano Guardini heißt es so:

Immerfort empfange ich mich aus deiner Hand.
Das ist meine Wahrheit und meine Freude.
Immerfort blickt mich dein Auge an.
Und ich lebe aus deinem Blick,
du mein Schöpfer und mein Heil.
Lehre mich, in der Stille deiner Gegenwart,
das Geheimnis zu verstehen,
das ich bin,
und dass ich bin durch dich,
und vor dir
und für dich.

Beten also ist mir wichtig geworden als eine Möglichkeit, Ordnung in die vielen relativen Wichtigkeiten meines Lebens zu bringen, ohne sie von einer höheren Warte aus beurteilen zu müssen. Ob ich das Klo putze, die Katze streichle oder eine Rede halte: Immerfort blickt mich dein Auge an und ich lebe aus deinem Blick, du mein Schöpfer und mein Heil. Erst so habe ich, zum Beispiel, gelernt, meine Pflichten im Haushalt endlich als elementar gut anzuerkennen und mit der entsprechenden Hingabe zu tun – statt sie, wider alle Lebensfreude, als notwendiges Übel irgendwie hinter mich zu bringen.

Mein Verhältnis zur alten Mutter Kirche, übrigens, hat sich geändert, als mir bewusst wurde, dass ich eine Menge von ihr lernen kann, was diese Art des fortwährenden aktiv-passiven Unterscheidens und Begleitetwerdens angeht. Sobald ich mich nämlich nicht mehr auf die in vielem tatsächlich überholte Dogmatik der Kirche, sondern auf die Weisheit ihrer gelebten Vollzüge konzentriere, tun sich Türen zu einer neuen schöpferischen Kirchlichkeit auf: Nicht was dieser oder jener Pfarrer im Gottesdienst verlauten lässt, ist das wichtigste, sondern *dass es den Sonntag und in ihm den Gottesdienst gibt* – als einen Zeit-Raum, um gemeinsam mit anderen regelmäßig Abstand vom unablässigen Funktionieren zu nehmen. Und was in theologischen Lehrbüchern über das Beten steht, wird interessant erst, wenn ich selber weiß, was es heißt, mein ganzes vielfältiges Dasein immer neu von Sinn durchdringen zu lassen.

Natürlich liegen die Bedenken auf der Hand: Schon die Mystikerinnen des Mittelalters kannten und nutzten den Trick, ihre dissidenten Einsichten zu göttlichen Eingebungen zu erklären. Wissen wir aber nicht heute, dass sie einfach innere Bilder gesehen haben, die vielleicht ein bisschen intensiver waren als was unsereins sieht? Auch Kriegsherren beten mit Hingabe, um danach zu behaupten, Gott brauche Bomben. Und schließlich: Ist das, was mir als sinnhafter Horizont meiner Existenz erscheint, nicht einfach eine Projektion, also nur eine Vergegenständlichung dessen, was sich auch ohne Gebet in meiner Psyche abspielen würde?

Die Einwände gegen das Beten sind inzwischen altbekannt und schon unzählige Male diskutiert. Sie haben ihre Spuren hinterlassen: Die aufgeklärte Kritik aller metaphysischen Gewissheiten hat das Bewusstsein für falsche Sicherheiten und für Intoleranz geschärft, hat uns nüchterner und sorgfältiger im Umgang mit religiöser Sprache werden lassen. Sie hat uns gelehrt, nicht gleich jede ungewöhnliche Erfahrung als göttliche Eingebung zu bezeichnen, Fundamentalismen zu misstrauen und dogmatische Fixierungen des Göttlichen aufzulösen, zuletzt die Identifizierung Gottes mit dem Ideal des starken weissen Mannes. Sie hat den Blick aufs Diesseits gelenkt, damit wir uns für das gute Leben in dieser schönen und verletzlichen Welt einsetzen, statt uns in Träumereien über himmlische Ideenwelten zu verlieren. All dies ist gut und notwendig. Allerdings sind viele Menschen, die Beten mit peinlich unaufgeklärter Jenseitsschwärmerei gleichsetzen, auch unempfindlich geworden gegenüber wesentlichen Dimensionen der Wirklichkeit, die sich wissenschaftlich nicht erklären lassen. Viele haben sich eindimensional ausgerichtet auf Machbares, sind orientierungslos geworden oder allzusehr angewiesen auf das Funktionieren diesseitiger Glücksmaschinen. Deshalb wäre es traurig, wollten wir mit dem immer wieder reinigenden und nötigen Bad der Götzenkritik das hoffnungsvolle Kind einer schöpferischen Sinnbezogenheit ausschütten. Ich meine, die Kirchen- und Religionskritik wird nicht das Ende der Geschichte mit Gott gewesen sein, sondern der Anfang einer erneuerten Zuwendung zu dem, was uns alle trägt, ob ich nun ausdrücklich dran glaube oder nicht: all das viele, das lange vor mir da war und auch nach mir da sein wird, das ich nicht mir selbst verdanke, über das ich nicht verfügen kann und von dem ich hoffe, dass es einen Sinn ergibt.

Astrid Lindgren, eine der ehrlichsten Frauen, die ich kenne, sagt es so:

> *»Nein, offen gestanden glaube ich nicht an Gott. Freilich, wenn mein Vater noch lebte, hätte ich niemals gewagt, das auszusprechen, denn er wäre sehr traurig geworden. Vielleicht ist es eine Schande, dass ich Gott leugne, weil ich ihm ja trotzdem so oft danke und zu ihm bete, wenn ich verzweifelt bin.«*

Die wesentliche Trennlinie verläuft heute nicht mehr zwischen Menschen, die noch an Gott glauben, und solchen, die sich Atheisten nennen. Uns trennen vielmehr unterschiedliche Einstellungen zur Welt: Die einen halten die Welt für einen Mechanismus, an dessen Funktionsweise letztlich niemand etwas ändern kann. Die anderen rechnen jederzeit mit Überraschungen, glauben an Wunder und an immer neue Möglichkeiten, die Welt in Freiheit freundlicher zu gestalten.

Mir ist wichtig, an der zweiten Einstellung festzuhalten. Sie lässt sich als Glaube, als Hoffnung oder als Liebe bezeichnen. Und ich wünsche mir, dass das Gespräch darüber neu beginnt, wozu und weshalb wir in der Welt sind und wie jede und jeder Einzelne ihren Beitrag leisten kann, damit das Zusammenleben – lokal und global – gelingt. Mehr noch: wichtig ist mir, dass die Debatte über den Sinn des Ganzen – fromm ausgedrückt: über Gott – wieder *öffentlich* geführt wird. In diesem Sinne stimme ich dem Bundespräsidenten Johannes Rau zu, wenn er mutig genug ist, einen Platz für Gott in der neuen Verfassung des vereinigten Europa zu fordern.

Wer in der politischen Öffentlichkeit von Gott spricht, kommt nämlich nicht einfach auf eine veraltete Redeweise zurück, die die Mehrheit längst als unzeitgemäß ad acta gelegt hat. Die europäische Aufklärung hat ja Gott und religiöse Sinnfragen keineswegs abgeschafft, wie manche meinen, sondern nur abgeschoben: aus der Offentlichkeit in die Intimsphären, in die Familien und in die religiösen Gemeinschaften. Hier werden sie seit ungefähr zweihundertfünfzig Jahren vor allem von den Frauen und Müttern wach gehalten. Denn es ist unmöglich, Kinder glaubwürdig ins Erwachsenenleben zu begleiten, ohne ihnen Antworten auf die grundlegenden Fragen ihrer Existenz zu geben. Und auch viele Männer, die sich im feindlichen Leben verausgabt haben, suchen im weichen Bett der Ehefrau oder der Geliebten Antwort auf die Frage, wozu sie sich eigentlich so anstrengen. In der Offentlichkeit hat es uns laut liberaler Doktrin peinlich zu sein, »noch« an Gott zu glauben, dafür schlagen wir uns privat umso mehr mit unseren Sinnfragen und Sehnsüchten herum. Ich meine, diese Trennung hat heute ausgedient. Denn Männer und Frauen leiden darunter, nicht öffentlich über ihre ureigenen Vorstellungen von einem guten Leben sprechen zu dürfen. Nachdem Frauen ihre Freiheit entdeckt und die alleinige Verantwortung für die private Sinnstiftung abgelegt haben, sucht die Sinnfrage gewissermassen nach einem neuen Ort. Dieser Ort, meine ich, sollte die pluralistische Öffentlichkeit sein. Statt uns in den eingefahrenen Mechanismen von Polit- und Marktmechanik, von Interessenvertretung und Besitzstandswahrung zu ermüden, könnten wir es heute wagen, einander unsere lange geheimgehaltenen Visionen eines wirklich guten Lebens neu mitzuteilen. Dass dieser Prozess jetzt in Gang kommt, ist mir wichtig. Zwar weiß ich wohl, dass streng liberale Gemüter in ihm nur einen historischen Rückschritt, letztlich ein Ding der Unmöglichkeit sehen können. Ich meine aber: Es muss andere Möglichkeiten öffentlicher Sinnstiftung geben als die zu Recht zurückgewiesene autoritär-kirchliche Transzendenzverwaltung des Mittelalters. Nach einer pluralistischen Kultur öffentlicher Sinnbestimmung zu suchen, sie in schöpferischer Anknüpfung an überlieferte Weisheit zu entwickeln, ist mir nicht nur wichtig, sondern Passion. Beten ist also nicht einfach mein Privatvergnügen, sondern, »postmodern« verstanden, ein wesentlicher Bestandteil der kommenden Kultur politischer Sinngebung.

Sinnstiftung wieder als öffentliche Angelegenheit zu begreifen bedeutet nicht, zu traditionellen »Normen und Werten« zurückzukehren. Denn jeder neu gesuchte und gefundene »Sinn des Ganzen« liegt jenseits dessen, was wir schon lange kennen. So lese ich es jedenfalls in der Bibel.

Wer sich wie ich seit vielen Jahren mit feministischer Moralkritik befasst, weiß, auf wie fragwürdige Art und Weise gängige Maßstäbe wie »eheliche Treue«, »Mutterliebe« oder »Sparsamkeit«, auch »Freiheit« und »Gleichheit« als Grundwerte der Moderne zustande gekommen und wie unverhohlen parteiisch sie immer wieder im Interesse der Macht ausgelegt worden sind. Es geht aber auch nicht darum, sich ein möglichst großes Spektrum von Selbstinszenierungen offen zu halten, wie manche postmoderne Denkerin vorschlägt, obwohl das Spiel mit den variablen Rollen eine durchaus sinnvolle Lockerungsübung sein kann, die den notwendigen Abschied von der festgezurrten Identität erleichtert und schöpferische Desorientierung stiftet. Niemand trägt heute zum guten Zusammenleben bei, die oder der sich aus Angst vor Verwirrung sicherheitshalber ins Althergebrachte zurück wendet. Denn die Wahrscheinlichkeit ist groß, dass er oder sie damit künstlich am Leben erhält, was längst als unnötiges Freiheitshindernis erkannt ist.

Was ein Leben im einundzwanzigsten Jahrhundert sinnvoll und aufregend macht, ist anstrengender und genüsslicher als konventionelles oder queres Rollenspiel: Es geht darum, allein und gemeinsam außerhalb festgelegter Denkmuster, in kreativer Anknüpfung an die Kernbestände unseres weltfreundlichen Erbes darüber zu beten und nachzudenken, wie Milliarden von Menschen auf diesem schönen blauen Planeten in immer neuen Generationen gut zusammenleben können. Ich hätte zum Beispiel Lust, mit dem Präsidenten der USA darüber zu streiten, wie er es angesichts dieser Aufgabe wagen kann, gegen das Urteil der gesamten Weltkirche seine Kriege als göttlichen Willen auszugeben.

Oder eine öffentliche Debatte darüber möchte ich anzetteln, warum wir vom Geld notorisch so sprechen, als sei es eine absolute Größe, an der Menschen ihre Existenz messen müssen. Das Umgekehrte wäre angebracht: Geld ist auch in spätkapitalistischen Zeiten noch immer kein Naturgesetz, sondern ein von Menschen gemachtes Tauschmittel, das erfunden wurde, um uns das Leben zu erleichtern und sich also menschlichen Wünschen anzupassen hat.

Auf einen Marktplatz möchte ich mich stellen und fragen, weshalb man einerseits klagt, es gäbe zu wenig junge Menschen, um die Existenz der alten zu sichern, und andererseits zu viele im Verhältnis zur verfügbaren Erwerbsarbeit. Eigentlich gibt es nämlich immer genau so viele junge und alte Menschen wie nötig.

Und weshalb jammern wir über die »Überalterung« der Gesellschaft, statt uns darüber zu freuen, wie viel alte, auch behinderte Menschen zum allgemeinen Wohlergehen beitragen, gerade weil sie so frei sind, nicht mehr nach dem gängigen Leistungsprinzip zu funktionieren.

Zur Diskussion stellen möchte ich die Frage, weshalb wir offensichtlich einen Tanz ums goldene Kalb »Gesundheit und langes Leben« aufführen und gleichzeitig an die Möglichkeit einer Verbilligung des Gesundheitswesens glauben. Weshalb setzen wir Hoffnungen in immer teurere und technischere Methoden der Menschheitsperfektionierung, da doch längst erwiesen ist, dass nicht die so genannt behinderten, sondern die so genannt gesunden Leute am meisten Schaden anrichten. Wer die gesamtgesellschaftlichen Gesundheitskosten senken will, wird früher oder später diesen Götzen Gesundheit vom Podest stoßen müssen. Weshalb fangen wir nicht heute damit an?

Und warum gängelt man noch immer die Erwerbsarbeitslosen mit Ausgrenzung und Anpassungsübungen, statt sie dafür zu belohnen, dass sie zugunsten anderer auf die knappe Ressource Erwerbsarbeit verzichten?

Von der Kanzel des Petersdoms möchte ich den Papst für sein Friedensengagement loben und ihm dann die Frage stellen, wie es ihm möglich ist, Gott gleichzeitig für den engstirnigen Richter zu halten, der lesbisch Liebende, Frauen im Priesteramt und eucharistische Gastfreundschaft verurteilt.

Fragen möchte ich, weshalb man die landwirtschaftliche Produktion zu Tode rationalisiert, um später sozial desintegrierte Jugendliche aufs Land zu schicken, weil sie dort angeblich noch die elementaren Sinnerfahrungen machen können, deren Einsparung am Ursprung ihres Unglücks steht.

Fragen möchte ich noch viel mehr. Und nicht nur Antworten auf meine Fragen, sondern tätige Weltgestaltung wünsche ich mir.

Weil ich aber dies nicht alles tun kann, jedenfalls nicht gleichzeitig und nicht jetzt sofort, kehre ich zurück zum Gebet. Je deutlicher mir vor Augen steht, was es alles zu tun gäbe, desto nervöser schlägt das Herz, desto nötiger brauche ich das schlichte Dasein. Manchmal, wenn ich mich, müde vom Eros der Weltgestaltung, zum Beten zurückziehe, erscheinen sie alle vor meinem inneren Auge: die vielen Frauen, Männer und Kinder, die mit mir unterwegs sind. Sie sind die Engel, die Gott in meine Müdigkeit schickt. Jeder und jede auf ihre unverwechselbare Weise sagen sie mir, dass ich nicht allein bin. Eine von ihnen hat vielleicht jetzt gerade den zündenden Einfall, auf den ich lange vergeblich gewartet habe. Ein anderer sagt in diesem Moment das Wort, das auszusprechen ich mich nicht getraut habe. Die Nachbarin pflanzt womöglich in diesem Moment den Salat, den wir in ein paar Wochen zu Mittag essen werden, und der Klempner repariert den tropfenden Wasserhahn, weil ich das nicht gelernt habe. Weit weg in einer fernen Weltgegend näht eine Frau das T-Shirt, das ich bald für meine Tochter zum Geburtstag kaufen werde. Es tut weh zu wissen, dass sie für einen ungerechten Lohn arbeitet, und es tut gut zu wissen, dass es Leute gibt, die sich beharrlich dafür einsetzen, dass sie bald unter menschenwürdigen Bedingungen wird leben und arbeiten können. Und der Dirigent des Jugendorchesters wirkt genau in diesem Augenblick mit Elan daran, in meiner Tochter und vielen anderen Jugendlichen Begeisterung für die Musik, für öffentliche Präsenz, für Völkerverständigung und eine ton- und farbenreiche Zukunft zu wecken.

Aus dem »Bezugsgewebe menschlicher Angelegenheiten«, wie Hannah Arendt diese wundersame Abhängigkeit aller von allen genannt hat, spricht mir Gott Trost zu. Ich werde ein dankbarer Teil des großen Miteinanders. Bald werde ich wieder auferstehen ins Tätigsein und tun, was jetzt wichtig und notwendig ist, nicht weniger und nicht mehr.

Quellen

Hannah Arendt, Vita Activa oder Vom Tätigen Leben, München 1981 (Original 1958)

Schriftlesungskalender 365 mal Gottes Wort 1991, Frankfurt 1991

Astrid Lindgren, Steine auf dem Küchenbord. Gedanken, Erinnerungen, Einfälle, Hamburg 2000, 81

Carola Moosbach, Lobet die Eine. Schweige- und Schreigebete, Mainz 2000

Auf wen kann ich mich verlassen?

Anselm Grün

In einer Zeit, in der immer mehr Ehen auseinander brechen, sehnen sich die Menschen nach Verlässlichkeit. Wenn schon die Ehe keine Sicherheit verspricht, so wünscht man sich verlässliche Freunde. Viele haben Angst, sich in der Ehe zu binden, weil sie nicht wissen, wie sie sich entwickeln wird. Da bekommt die Freundschaft einen neuen Wert in unserer Gesellschaft. Doch auch die Freundschaft hält nicht immer, was sie verspricht. Manche Freundschaften leiden unter der Oberflächlichkeit. Man braucht Freunde, um seine beruflichen Beziehungen aufzubauen. Oft sind die Freunde nicht fähig, ihre persönlichen Probleme miteinander zu teilen. Doch auch wenn man meint, einen guten Freund gefunden zu haben, ist das noch keine Garantie auf dauernde Freundschaft. Manche machen die Erfahrung, dass Freunde sich verabschieden oder dass Freundschaften ohne bewusste Beendigung einfach zerrinnen. Sie bestehen nicht mehr. Keiner weiß, wie es angefangen hat. Der andere hat sich nicht mehr gemeldet. Und wenn ich ihn angerufen habe, hatte er immer Ausflüchte.

Das Sich-Verlassen bezieht sich jedoch nicht nur auf den Ehepartner und auf Freundschaften. Man möchte sich auch auf seinen Arzt, auf den Seelsorger, auf den Therapeuten verlassen. Doch auch da meldet die Presse immer wieder von Skandalen und von Missbrauch. Wenn der Pfarrer so schön predigt, und dann hört man in der Presse, dass er ein Doppelleben führt, auf wen kann man sich dann noch verlassen? Wenn der Arzt sich von Pharmafirmen bestechen lässt, wie soll ich ihm da noch vertrauen können? Oder wenn der Paartherapeut selbst in seiner Ehe scheitert, wie kann er mir da noch helfen?

Es gibt sicher viele Gründe, warum Menschen die Frage nach der Verlässlichkeit verzweifelt stellen. Da sind die drei großen Werte unserer Zeit: die Individualität, die Mobilität und Flexibilität. Keiner möchte sich gerne festlegen. Entscheidend ist, dass mein Leben gelingt. Wenn der Ehepartner sich beim Gelingen als hinderlich erweist, weil er einen in ständige Konflikte bringt oder weil man sich auseinander gelebt hat, dann trennt man sich von ihm. Wenn die eigene Berufsplanung zum wichtigsten Wert wird, dann opfert man auf dem Altar der Karriere seine Freunde und oft auch seinen Ehepartner. Das Fortkommen im Beruf verlangt heute Mobilität. Es ist also nicht nur der innere Drang, öfter etwas Neues zu versuchen, sondern die äußeren Verhältnisse zwingen einen zur Mobilität und Flexibilität. Auf der anderen Seite haben heute viele Angst, sich auf Dauer zu binden. Das gilt nicht nur für die Ehe, sondern auch für die Firma oder für die Partei. Es ist eine große Angst, sich vereinnahmen zu lassen. Man möchte frei bleiben und immer wieder von neuem frei darüber entscheiden, was für einen gerade stimmt.

Der Mensch braucht Freunde, um sich selbst zu finden und seine eigene Identität zu entwickeln. Freunde sind ihm Halt im Leben. Die Dichter und Philosophen aller Zeiten haben das Hohe Lied der Freundschaft besungen. Der Freund steht einem zur Seite. Er vertieft die Freude in guten Zeiten. Und er steht einem bei, wenn es einem nicht so gut geht. Vor dem Freund darf ich sein, wie ich bin. Ich muss keine Rolle spielen. Ich darf ihm meine Wahrheit hinhalten, weil ich weiß, dass er damit gut umgeht. Der Freund macht mich aufmerksam auf Fehler. Er hilft mir, innerlich auf dem Weg zu bleiben. Und der Freund lässt mich Schwierigkeiten besser bestehen. Ich weiß, dass er mich nicht hängen lässt. Er wird seine Hand nicht zurückziehen, wenn ich sie brauche. So soll es sein. Das wünschen wir uns von einer Freundschaft.

Die Partnerschaft entspricht der tiefsten Sehnsucht des Mannes und der Frau. Schon Jesus sagt: Gott hat den Menschen als Mann und Frau erschaffen: »Darum wird der Mann Vater und Mutter verlassen und sich an seine Frau binden, und die zwei werden ein Fleisch sein« (Mt 19,5). Es ist die Ursehnsucht nach Ergänzung durch den Mann oder durch die Frau. Seit der Erschaffung des Menschen sehnt sich der Mann nach der Frau und die Frau nach dem Mann. Für jeden ist der andere eine Quelle der Inspiration. Im Verliebtsein fühlt man sich verzaubert. Da fließt das Leben. Da strömt die Liebe. Diese Liebe hat eine solche Kraft, dass alles andere dagegen verblasst. Doch zugleich spürt jeder, dass die Liebe nicht immer ein so starkes Gefühl bleiben wird. Die Partnerschaft wandelt sich. Es entsteht Verlässlichkeit, Treue. Man kann sich auf den anderen verlassen. Man fühlt sich nicht allein. Man ergänzt sich im täglichen Zusammenleben. Und man wächst aneinander. Der Mann lernt sich durch die Frau besser kennen und die Frau durch den Mann. Der Mann lernt von der Frau, seine eigene anima anzunehmen, seine weiblichen Seiten. Er wird verständnisvoller. Aber die Frau inspiriert ihn auch in seiner Arbeit. Die Frau lernt vom Mann, ihren animus anzunehmen, Konflikte durchzustehen, Verantwortung zu übernehmen. Und beide lernen voneinander, ihre eigene Lebensgeschichte anzuschauen und sich damit auszusöhnen. In den täglichen Konflikten miteinander spüren sie, dass sie nicht nur mit dem Partner zu tun haben, sondern mit der eigenen Verletzungsgeschichte. Und so sind die Reibereien eine Hilfe, mehr und mehr sich selbst kennen zu lernen und sich mit den eigenen Verletzungen zu versöhnen.

Normalerweise wird die Partnerschaft fruchtbar in Kindern, in einer Familie, die entsteht. Als Mutter und Vater erleben die Partner nochmals neue Rollen und neue Fähigkeiten. Doch zugleich verändert das auch ihr Miteinander. Manchmal wird der Mann eifersüchtig auf die Kinder, weil die Frau sich ihnen jetzt mehr zuwendet als ihm. Aber wenn die Partnerschaft durch Mutterschaft und Vaterschaft vertieft wird, dürfen beide dankbar auf die Familie schauen, die sie aufgebaut haben und die in der Gesellschaft einen Ort der Verlässlichkeit bildet, der über die kleine Familie hinausweist. Gerade große Familien, die zusammen halten, sind für die Gesellschaft ein stabilisierender Faktor.

Es gibt viele Gründe, warum heute Ehen und Freundschaften zerbrechen. Ich möchte nur ein paar aufzählen. Häufig gibt es Übererwartungen an den Ehepartner. Man erwartet sich von ihm und vom Zusammenleben mit ihm Glück. Doch die Ehe ist – wie der Eheberater Hans Jellouschek einmal gesagt hat – keine Glücksveranstaltung, sondern ein Übungsweg. Aber so wie man beim Schnellimbiss sofort dran kommen möchte, so möchte man das Glück heute sofort haben. Dass es einen langen Weg braucht, um sich einander näher zu kommen und

Konflikte auf kreative Weise zu lösen, davor scheuen viele zurück. Eine andere Erwartung ist, dass der andere einen immer verstehen sollte und immer da sein sollte, wenn man ihn braucht. Doch auch dem Partner geht es nicht immer gut. Er vermag nicht immer nur zu geben. Manchmal ist er selbst schwach und braucht Hilfe.

Manche Männer betrachten ihre Frauen als »Naherholungsgebiet«, wie es Wolfgang Schmidbauer einmal ausgedrückt hat. Wenn sie gestresst von der Arbeit heimkommen, möchten sie umsorgt werden. Die Frau hat dafür zu sorgen, dass es ihnen gut geht. Doch die Frau hatte tagsüber Probleme mit den Kindern. Manche Männer betrachten es dann als Zumutung, wenn sie sich daheim auch noch mit Problemen und Konflikten beschäftigen sollten. Sie möchten die heile Welt. Damit überfordern sie die Familie. Weder die Frau noch die Kinder sind in erster Linie Erholung. Sie sind eine Herausforderung, an der man wachsen könnte. So kommt es, dass immer mehr Männer länger in der Firma bleiben, als sie müssten. Sie haben Angst, sich den eigenen Schattenseiten zu stellen, die im engen Miteinander der Familie schonungslos aufgedeckt werden. Sie wollen sich lieber in der Firma als kompetente Kraft fühlen, als sich hilflos der Unzufriedenheit pubertierender Söhne oder Töchter auszusetzen.

Ein anderer Grund für das Scheitern ist, dass man den Ehepartner mit archetypischen Bildern identifiziert. Mir erzählte ein Mann von seiner Freundin, sie sei für ihn Erlöserin. Das kann nicht gut gehen. Weder die Frau kann für den Mann Erlöserin sein, noch der Mann für die Frau zum Heiland werden. Sie sind Partner, die sich aneinander reiben, die sich auch beschenken und einander helfen, innerlich zu wachsen. Aber keiner ist für den andern der Erlöser, der ihm alle Probleme löst, oder der Heiland, der seine Wunden heilt.

Andere erwarten vom Partner absoluten Halt. Die Frau möchte sich an den Mann anlehnen. Aber sie erfährt, dass er selbst anlehnungsbedürftig ist. Jeder benützt den andern für seine Bedürfnisse und ist enttäuscht, wenn der andere sie nicht stillen kann. Die Frau hat bestimmte Bilder vom Mann und der Mann von der Frau. Wenn sie sich gegenseitig auf ihre unbewussten Bilder festlegen, dann ist ein Scheitern vorprogrammiert.

Wenn einem ein Beruf nichts mehr bringt, dann wechselt man ihn. Wenn das Fernsehprogramm langweilig wird, schaltet man aufs nächste um. Solche Erwartungen überfordern auch die Ehe. Sie muss immer etwas bringen. Es ist normal, dass es Phasen gibt, in denen die Liebe einen nicht mehr verzaubert. Die Liebe fließt nicht mehr wie in der Zeit des Verliebtseins. Dann ist man enttäuscht. Andere erschrecken davor, dass sie keine besondere Liebe mehr spüren, dass sie immer stärker den Wunsch verspüren, mal für sich allein zu sein oder mit Freunden oder Freundinnen etwas zu unternehmen als mit dem Ehemann oder der Ehefrau. Doch es ist normal, dass sich das Verhältnis von Nähe und Distanz wandelt. Es gibt Phasen, in denen man mehr Abstand zum Partner braucht und mehr für sich sorgen muss, als immer alles mit dem Partner zu erledigen. Solche Phasen des Nebeneinander-Lebens sind nicht schlecht. Sie sind die Voraussetzung, dass es auch wieder zu mehr Nähe kommt.

Ein anderer Grund für das Scheitern liegt darin, dass man den Partner auf das Bild festlegt, das er einem zu Beginn der Partnerschaft vermittelt hat. Da war der Mann z.B. der stärkere. Er hat die Frau gefördert, dass sie sich entwickelt. Doch wenn sie sich dann entwickelt hat und selbständig geworden ist, tut sich der Mann schwer, seine Helferrolle loszulassen und sich mit seiner stärker gewordenen Frau auseinander zu setzen. Er wirft ihr Undankbarkeit vor. Oder die Frau hat den Mann gefördert. Sie war die stärkere. Der Mann war unsterblich in sie verliebt und hat alles für sie getan. Er hat sie gleichsam angebetet. Doch irgendwann wird der Frau es zuviel, wenn sie den Mann immer anschieben muss. Manche Frauen erzählen mir, ihr Mann sei das fünfte Kind, für das sie neben den vier anderen auch noch zu sorgen hat. Zu Beginn der Ehe war diese Helferrolle für die Frau schmeichelhaft. Doch irgendwann will sie diese Rolle nicht mehr ausfüllen. Sie möchte einen Partner, an den sie sich anlehnen und mit dem sie streiten kann, und kein Kind, für das sie sorgen muss.

Wenn eine Ehe oder eine Freundschaft scheitert, dann stürzt das ganze Lebensgebäude zusammen. Viele geraten in eine schwere Krise. Sie werden depressiv. Sie verstehen die Welt nicht mehr. Sie fühlen sich wertlos. Sie machen sich Schuldvorwürfe. Warum liebt der andere mich nicht mehr? Bin ich ihm nichts mehr wert? Was habe ich verkehrt gemacht? Oder aber das Scheitern weckt in einem tiefe Hassgefühle. Ich habe mich für den andern so eingesetzt. Jetzt lässt er mich hängen. Ich habe alles für ihn getan. Und das ist der Dank. Manche Frauen fühlen sich als Putzfrauen missbraucht. Männer, die dachten, sie hätten doch alles für die Frau getan, haben das Gefühl, sie seien nur dazu benutzt worden, damit die Frau sich selber finden und nun ihren eigenen Weg ohne sie weiter gehen kann. Manche trauen sich nicht, ihr Scheitern vor ihren Freunden oder Berufskollegen zuzugeben. Sie fühlen sich als Versager.

Es ist wichtig, sich das Scheitern einzugestehen. Ein Lebenskonzept, das ich entworfen habe, ist zerbrochen. Ohne gleich nach Schuld zu fragen, muss ich konstatieren, dass es so nicht weiter geht, wie ich es mir immer vorgestellt habe. Das ist eine tiefe Kränkung. Ich kann nicht alles, was ich will. Ich kann auch mit dem besten Willen die Ehe nicht retten, wenn der andere nicht mehr mag. Gerade für Männer ist das eine narzisstische Kränkung. Sie haben oft das Gefühl, mit gutem Willen alles erreichen zu können, was sie möchten. Doch in der Ehe gelingt das nicht. Sich das einzugestehen, nimmt mir die Illusionen, die ich mir vom Leben gemacht habe. Das Leben geht nicht so, wie ich es mir gewünscht habe.

Auch wenn ich mit meinem Lebenskonzept gescheitert bin, bin ich selbst doch nicht zerbrochen. Es tut sehr weh. Aber mein eigentlicher Personkern ist davon nicht berührt. Ich als Mensch bin nicht gescheitert. Meine Würde ist davon nicht betroffen. Das Gefäß, das ich aufgebaut habe, ist zerbrochen. Aber Gott kann aus den Scherben etwas Neues formen. Das Scheitern braucht erst einmal Trauer. Und die Trauer muss die Gefühle des Schmerzes und der Wut durchgehen. Erst dann kann man vielleicht entdecken, dass man in der Freundschaft oder in der Ehe manches an sich selbst nicht gelebt hat, was jetzt entwickelt werden möchte. Ich habe mich vielleicht zu sehr angepasst. Jetzt sehe ich in mir noch andere Seiten, die gelebt werden möchten.

Es gibt in unserem Leben immer wieder Brüche, in denen etwas zerbricht. Unser Lebenskonzept zerbricht. Unser Gottesbild zerbricht, unser Selbstbild fällt auseinander. Doch bei allen Brüchen braucht es auch eine Kontinuität in unserem Leben. Daher ist es wichtig, beim Scheitern den roten Faden zu finden, der durch unser Leben geht. Was waren meine ursprünglichen Träume als Kind oder Jugendlicher? Habe ich diese Träume in meinem Beruf, in meiner Freundschaft oder Partnerschaft ganz gelebt oder habe ich mich zu schnell damit begnügt, sie seien die Erfüllung meiner Sehnsüchte? Wenn ich bei allen Brüchen den roten Faden in meinem Leben entdecke, dann werde ich selbst nicht zerbrechen, sondern ich werde spüren, was in mir Neues leben möchte. Das erste benediktinische Kloster auf Montecassino wurde schon vierzig Jahre nach der Begründung von den Langobarden zerstört. Doch es wurde neu aufgebaut. Über die Pforte schrieb man: »Succisa virescit = abgehauen blüht es wieder auf.« Das ist wohl ein schönes Motto für jedes Leben. Manchmal haben wir den Eindruck, dass unser Baum abgehauen wurde, dass wir nichts mehr sind. Alles, was wir aufgebaut haben, ist zusammengebrochen. Doch es wird wieder aufblühen. Das ist ja auch die Verheißung der Bibel. Beim Propheten Jesaja steht, dass aus dem abgehauen Reis etwas Neues blühen wird. Das Neue Testament hat dieses Neue auf Jesus Christus bezogen. Er wird in mir immer wieder aufstehen. Er will mich in Berührung bringen mit dem eigentlichen Kern, mit dem Christus in mir, mit dem ursprünglichen und unverfälschten Bild, das Gott sich von mir gemacht hat.

Es gibt kein Patentrezept, wie ich eine verlässliche Beziehung aufbauen kann. Ich möchte nur einige Haltungen und Lebenseinstellungen beschreiben, die für eine verlässliche Beziehung hilfreich sind. Da ist einmal die Relativierung der Beziehung. Ich erlebe immer wieder Menschen, die Angst haben, sich zu binden, weil sie nicht wissen, ob es die absolut passende Frau oder der absolut richtige Mann für sie sei. Es gibt keine absolut richtige Beziehung. Wir dürfen die Beziehung nicht mit Absolutheitsansprüchen überfordern. Der tiefste Wert des Menschen liegt in der Gottesbeziehung. Jeder ist von Gott einmalig geschaffen. Und der eigentliche Sinn besteht darin, dieses ursprüngliche und einmalige Bild Gottes in dieser Welt sichtbar werden zu lassen. Der Freund oder die Freundin, der Ehepartner oder die Ehepartnerin sind Hilfen auf diesem Weg. Das heißt aber nicht, dass ich sie nur als

Hilfe benutze, solange sie mir gut tun, und dann fallen lasse. Dann würde ich mich absolut setzen. Unser ganzes Leben vollzieht sich in Situationen, die wir nie absolut frei wählen. Aber gerade in dieser Mischung aus Freiheit und Unfreiheit, in dem Durchschnittlichen unseres Alltags vollzieht sich das eigentliche Geheimnis, dass Gottes Bild in uns aufleuchten möchte.

Die katholische Theologie hat die Ehe immer als Sakrament verstanden. Das ist durchaus hilfreich für das Gelingen einer Beziehung. Denn Sakrament meint: das Sichtbare ist Zeichen für das Unsichtbare. Die erfahrbare Liebe zwischen Mann und Frau ist Zeichen für die absolute Liebe Gottes. Das entlastet die Ehe von absoluten Erwartungen. Der andere muss mir keinen absoluten Halt und keine absolute Sicherheit geben. Seine Liebe muss nicht unendlich sein. Sie ist immer Zeichen für die absolute Liebe Gottes und für den absoluten Halt, den allein Gott zu geben vermag. Wenn ich den andern befreie von meinen absoluten Erwartungen, dann kann ich das, was er mir an Liebe und Halt zu schenken vermag, auch genießen. Ich habe dann nicht das Gefühl, es sei nicht genug, was der andere mir an Liebe gibt. Es ist das, was er mir zu geben vermag. Die Enttäuschung kommt oft von einer Übererwartung.

Viele können heute mit Enttäuschungen nicht gut umgehen. Sie bedauern sich selbst, dass sie sich in der Ehefrau oder im Ehemann oder in den Erwartungen an das Miteinander getäuscht haben. Die Enttäuschung zieht sie nach unten. Und schon sehnen sie sich nach einer neuen Beziehung, die aber auch wieder in Enttäuschung münden muss. Wir haben in uns eine unstillbare Sehnsucht nach Liebe. Diese Sehnsucht wird genährt durch die Erfüllung und durch die Enttäuschung. Wenn die Ehepartner miteinander Glück erfahren, so ist das nicht die letzte Erfüllung ihrer Sehnsucht. Vielmehr weckt auch das erlebte Glück von neuem die Sehnsucht nach absolutem Glück. Doch das gilt auch von der Enttäuschung. Auch die Enttäuschung durch den andern weckt meine Sehnsucht nach Liebe. Der Schriftsteller Antoine de St. Exupéry sagt einmal: »In der Sehnsucht nach Liebe ist schon Liebe.« Wenn das stimmt, dann ist in der Sehnsucht, die durch die Enttäuschung in mir entsteht, schon Liebe.

Die Sehnsucht und die Liebe, die in der Sehnsucht ist, gehört mir. Die Enttäuschung zeigt mir, dass ich meinen tiefsten Grund nicht in der Liebe des Ehepartners sehen darf, sondern allein in der Liebe Gottes. Das meint nicht nur, dass Gott mich bedingungslos liebt. Vielmehr meine ich mit der Liebe Gottes auch die Qualität der Liebe, die in mir ist. Jeder Mensch sehnt sich danach, geliebt zu werden und zu lieben. Doch diese Sehnsucht wird niemals von einem Menschen erfüllt werden. Das Ziel der Sehnsucht ist, nicht mehr nur zu lieben und geliebt zu werden, sondern einfach Liebe zu sein. Das klingt vielleicht abstrakt. Aber es ist eine Erfahrung, die wohl jeder von uns kennt.

Neulich erzählte mir eine Frau, dass sie am Strand spazieren ging. Auf einmal war sie von einer tiefen Liebe durchströmt. Diese Liebe galt nicht einem konkreten Mann, sie galt allem. Sie strömte in ihr, ließ ihren Leib erblühen. Sie strömte in ihre Umgebung, auf das unendliche Meer, auf alle Menschen, die ihr begegneten. In solchen Augenblicken von Liebe dürfen wir erahnen, worum es letztlich in jeder Beziehung geht. Die Beziehung weckt diese Liebe. Und wir dürfen sie erfahren. Aber die Liebe ist nicht nur das Gefühl, das uns miteinander verbindet und uns dadurch verzaubert. Es ist auch eine Kraft, die in uns strömt. Es ist eine eigene Qualität unseres Lebens. Und diese Qualität kann uns niemand nehmen.

Auch die Enttäuschung durch den andern kann uns diese Liebe nicht rauben. Im Gegenteil, sie verweist uns von neuem auf diese unergründliche Liebe. Wenn ich daran glauben kann, dass sowohl die Erfüllung als auch die Enttäuschung meine Sehnsucht nach Liebe wecken, dann kann ich anders mit den Enttäuschungen in der Ehe oder Freundschaft umgehen. Sie gehören wesentlich dazu. Ich mache sie dem andern nicht zum Vorwurf. Ich suche auch bei mir nicht gleich nach Schuld. Ich lasse mir von ihr die Sehnsucht wecken, die mich lebendig hält.

Eine andere Hilfe für das Gelingen von Freundschaft und Partnerschaft ist das Eingeständnis, dass es verschiedene Phasen in ihr geben darf. Da gibt es die Phase des Verliebtseins. Dann gibt es die Phase, in der man gemeinsam ein Werk baut, ein Haus baut, für die Kinder sorgt. Und dann gibt es Phasen, in denen man das Gefühl hat, die Liebe sei zerronnen. Man habe sich nichts mehr zu sagen. Man kann dann versuchen, in einer Eheberatung wieder mehr Zugang zueinander zu bekommen. Doch es ist auch wichtig, sich einzugestehen, dass das sein darf. Es ist die Herausforderung an mich, mehr für mich zu sorgen. Es ist schon viel, wenn ich fair neben dem Partner lebe. Natürlich ist das nicht das Ideal einer Ehe. Aber eine Zeit lang darf es so sein, in der Hoffnung, dass wir dann wieder auf neue Weise zueinander finden. Es ist schon viel, wenn die Eheleute in guter Weise die äußeren Dinge regeln, auch wenn sie momentan über ihre innersten Dinge nicht sprechen können. Wenn ich mir selbst und dem andern die Freiheit lasse, zunächst mal den eigenen Weg neu zu suchen, dann wächst auch das Interesse an dem, was der andere gerade tut. Und die Ehe bekommt auf einmal eine neue Qualität.

Häufig entstehen Eheprobleme, wenn sich der Mann in eine neue Frau verliebt oder sich die Frau von einem anderen Mann verstanden und geliebt fühlt. Gegen das Verliebtsein kann man sich nicht wehren. Es ist ganz natürlich, dass die Frau nicht alle Wünsche des Mannes erfüllt und umgekehrt. Da fühlt man sich auf einmal ganz neu lebendig, wenn man sich in eine andere Frau verliebt. Die Frage ist, wie ich mit dem Verliebtsein umgehe. Wenn ich mich in eine andere Frau verliebe, verweist sie mich immer auf Seiten, die ich in mir selbst auch habe, aber zu wenig entfaltet habe. Die Herausforderung besteht dann darin, dass ich diese vernachlässigten Seiten in mir neu entwickle. Dann werde ich frei von der Abhängigkeit. Ständig abhängig zu sein, ist ja letztlich gegen meine Würde.

Die andere Frage ist, was in unserer Ehe fehlt. Kann das Verliebtsein in eine andere Frau meine eigene Ehe bereichern? Was haben wir versäumt? Auf der anderen Seite darf ich mir auch eingestehen, dass eine andere Frau Seiten in mir anspricht, die die eigene Ehefrau niemals ansprechen wird. Aber das ist noch kein Grund zur Trennung. Es braucht die klare Entscheidung für die Ehefrau, ohne dass ich das abschneide, was durch andere Männer oder Frauen in mir wachgerufen wird. Aber ich muss es wagen, ein ehrliches Gespräch mit dem eigenen Ehepartner zu führen. Sonst geht die Verletzung immer tiefer. Wenn ich mich in eine andere Frau verliebe, verletze ich damit immer die eigene Partnerin. Diese Verletzung kann ich ihr kaum ersparen. Aber wenn ich ehrlich mit ihr darüber rede, kann die Verletzung für beide zum Segen werden. Wir spüren dann, dass wir füreinander nicht Gott sind, dass wir nicht alle Wünsche erfüllen können und auch nicht müssen. Wir werden bescheidener miteinander umgehen. So kann eine neue Qualität in der Beziehung wachsen.

Eine wichtige Voraussetzung für das Gelingen einer Freundschaft oder Ehe ist die Hochschätzung der alten Tugenden wie Treue und Verlässlichkeit. Manche haben Angst, dass die Treue sie einengt und sie an ihrer eigenen Lebendigkeit hindert. Doch die Philosophen sagen uns, dass der Mensch erst in der Treue zu seinem wahren Selbst findet. Die Treue gibt dem oft genug zerbrechlichen Ich Halt und Sicherheit. Sie gibt ihm einen Rahmen, in dem das Selbst sich entfalten kann. Die Treue ermöglicht es dem Freund und dem Partner, sich offen auf den andern einzulassen. Wenn ich das Gefühl habe, der andere probiert mich nur aus, dann werde ich dem andern immer nur einen Teil von mir zeigen. Aber mich selbst in meinen Stärken und Schwächen werde ich zurückhalten. Auf diese Weise aber kann kein wahres Vertrauen wachsen. Denn alles, was ich dem anderen vorenthalte, wird mir an der eigenen Lebendigkeit fehlen. Und es wird sich belastend auf die Beziehung auswirken. Das deutsche Wort Treue kommt von Festigkeit. Sie gibt dem Menschen und der Beziehung einen festen Stand. Und solch festen Stand brauchen wir in unserer haltlosen Zeit.

Die Antwort, dass wir uns letztlich auf keinen Menschen, sondern nur auf Gott verlassen können, ist für viele sicher nicht befriedigend. Und doch steckt in ihr Wahrheit. Wenn ich meinen tiefsten Grund in Gott finde und in Gott Verlässlichkeit erfahre, dann vermag ich auch Menschen zu vertrauen. Und ich wage es, mich auf einen Menschen zu verlassen. Ich überhöhe ihn nicht mit meinen Erwartungen, sondern ich traue ihm zu, dass er das, was er mir schenkt, ehrlich meint und dass wir gemeinsam unseren Weg gehen werden. Aber ich kann mich nur dann auf einen Menschen verlassen, wenn ich ihn nicht verabsolutiere, sondern in ihm etwas sehe, was letztlich von Gott kommt. Denn treu vermag der treulose Mensch nur zu werden, wenn er teilhat an der Treue Gottes. Und zu lieben vermag einer letztlich nur, wenn er aus der unendlichen Quelle der Liebe Gottes schöpft.

Wie finde ich Versöhnung?

Andrea Schwarz

Versöhnung – das ist ein Wort, das es in unserer Alltagssprache fast nicht mehr gibt. Es gehört nicht in den aktiven Sprachschatz der meisten Menschen von heute – und hat sich lediglich im kirchlichen Sprachgebrauch noch eine Nischenfunktion bewahrt z.B. im »Sakrament der Versöhnung«, der Beichte. Aber auch hier gilt inzwischen: Man kennt das zwar noch irgendwie – aber man macht eigentlich keinen großen Gebrauch mehr davon.

Diesem Wort geht es so wie manchen anderen in unserer Sprache: Das Wort selbst verliert sich wie auch so manche Formen, aber der Inhalt, das, was es eigentlich meint, bleibt vielen Menschen nach wie vor wichtig: Das Bemühen, Dinge wieder zurechtzurücken, »wiedergutzu machen«, im eigenen Leben und auch in Beziehungen. Es gibt das Bemühen, das, was sich „ent-zweit« hat, wieder zu »ver-einigen«, wieder zu einem zu machen – in mir und mit dem anderen. Es gibt das Bemühen, die Risse in unserem Leben irgendwie zu kitten. Wir Menschen leiden unter dem Getrennt-Sein, wir leiden unter den Rissen, der Zerrissenheit unseres Lebens, den seelischen Verletzungen, den Wunden des Herzens – und wir wünschen uns, dass unser Leben wieder heil werden möge. »Heil« – das bedeutet »ganz sein«, »unversehrt sein« – ohne Risse und Brüche. Versöhnung, das meint eigentlich genau das: Wieder heil machen.

Zwischen Heike und Peter hatte es handfest gekracht an diesem Abend. Der Anlass war eigentlich gar nicht so wichtig – aber genau darüber konnte man schon unterschiedlicher Meinung sein. Peter hatte auf der Heimfahrt vom Büro vergessen, das Kleid von Heike aus der Reinigung abzuholen, das sie am nächsten Tag bei einem wichtigen Geschäftstermin anziehen wollte – und bis sie es merkte, hatte die Reinigung schon geschlossen. Und dann fing der Streit an: Vorwürfe, Anklagen, es fielen harte Worte, mit denen sie sich gegenseitig weh taten, und die schließlich in einem kalten Schweigen mündeten. Peter verzog sich an den Computer, Heike blieb vorm Fernseher sitzen. Schließlich, als der Spätkrimi fertig war, ging sie hinüber ins Schlafzimmer und dann ins Bett. Sie horchte noch in das Arbeitszimmer hinüber, der Drucker ratterte vor sich hin. Sie machte das Licht aus – aber sie konnte nicht schlafen. Sicher, es zoffte manchmal zwischen ihnen, aber so schlimm wie heute Abend war es noch nie gewesen.

Eine Stunde später kam Peter, versuchte, möglichst leise zu sein und legte sich dann demonstrativ mit dem Rücken zu seiner Frau auf die andere Seite des Bettes. Minuten vergingen, beide hörten den Atem des anderen – und dann tastete sich ganz behutsam eine Hand zu der anderen vor und eine leise, unsichere Stimme fragte: »Wollen wir wieder gut sein?«.

Szenen einer Ehe – aber nicht nur einer Ehe.

»Wollen wir wieder gut sein?« – das ist die bange Frage, die manchmal mit dem zusammengeklaubten Blumenstrauß ausgedrückt wird, den der Zwölfjährige mit drucksenden Worten der Mutter überreicht. Das ist manchmal ein Brief, in dem diese Frage zwischen den Zeilen steht – oder auch nur eine SMS, die eigentlich etwas ganz anderes zum Inhalt hat – und doch genau das meint. Das ist der Anruf beim Radio, von dem man sich erhofft, dass man auf Sendung kommt und der andere die Botschaft »wollen wir wieder gut sein?« tatsächlich live hört – und manchmal ist es auch ein Graffitti an einer Autobahnbrücke mit einem ungelenk hingesprühten Herzen und dem Bekenntnis »Ich liebe dich, Susi!«.

»Wollen wir wieder gut sein?«

Es ist eine Grundsehnsucht von uns Menschen, in Harmonie zu leben – im Einklang mit sich selbst und den anderen. Normalerweise werden Konflikte, wird Disharmonie nicht gesucht – sondern man vermeidet sie eher. Es möge bitte alles in Ordnung sein – das gibt Sicherheit und Stabilität in einer Welt, die oft genug verwirrend in sich ist. Und wenn etwas nicht in Ordnung ist, wenn etwas nicht so ist, wie wir eigentlich denken, dass es sein sollte, dann leiden wir darunter, leiden manchmal wie ein Hund.

Und doch – oft genug ist das Leben nicht so, wie ich es gerne hätte. Das Leben selbst zerstört die netten Bilder, die ich mir davon gemacht habe – oder die ich mir gerne machen würde. Ich selbst werde ja so oft meinen eigenen Bildern von mir nicht gerecht. Ich wäre gerne so und so – und bin es dann eben doch nicht. Und ich hätte dich eben gerne so und so – und du bist so nicht. Da ist ein Riss zwischen dem, wie ich es gerne hätte – und dem, wie es ist. Und dieser Riss ist wie eine seelische Verletzung, wie eine Wunde des Herzens. Und wie bei körperlichen Verletzungen gibt es auch bei der Seele große und kleine Wunden, der Anlass kann mehr oder weniger wichtig sein – für Außenstehende manchmal sogar nichtig. Und doch kann es sehr, sehr weh tun.

Da braucht es die heilende Kraft der Versöhnung, der Versöhnung mit mir selbst, der Versöhnung mit dem anderen – und vielleicht auch der Versöhnung mit Gott?

Im Grunde unseres Herzens sehnen wir uns nach solch einer »Versöhnung«, auch wenn wir das Wort vielleicht nicht benutzen. Wir sehnen uns danach, dass es wieder »gut« ist, dass wir uns wieder »gut« sind. Der Blumenstrauß des Zwölfjährigen, der Brief, die kleine Geste drücken genau diese Sehnsucht aus.

Wie aber geht das, sich zu »versöhnen«? Versöhnen mit sich selbst – und mit dem anderen? Wie wird man wieder heil und ganz?

Der allererste Schritt dazu scheint zunächst kontraproduktiv zu sein. Es geht nämlich darum, genau diese Zerrissenheit, die Gebrochenheit, die Verletzungen und Verwundungen anzunehmen und zu akzeptieren, dass sie da sind. Die Wahrnehmung der Realität ist gefragt. Ja, ich bin manchmal anders, als ich gerne wäre. Ja, mein bester Freund handelt manchmal anders, als ich es mir wünsche. Ja, manchmal scheint sich die ganze Welt gegen mich verschworen zu haben. Und Gott ist irgendwie auch nicht mehr der, der er mal war.

Ja, so ist es. Punkt.

Manche versuchen, sich über diese Realitäten hinweg zu täuschen. Sie kleben Kitt über die Risse ihres Lebens, übertünchen sie mit Farbe, gellen sie mit lauter Musik zu, verstecken sie hinter ihren Terminen, machen Augen und Ohren einfach zu. Sie entziehen sich der Realität – und bauen sich ihr Traumhaus einer Welt, in der alles so ist, wie sie es gerne hätten. Aber das ist nicht der Weg.

Die Wirklichkeit holt uns ein. Und wenn wir uns ihr nicht stellen, dann kann es tatsächlich geschehen, dass ein nicht abgeholtes Kleid aus der Reinigung uns plötzlich mit all dem konfrontiert, was wir vorher erfolgreich verdrängt haben.

Um diese Wirklichkeit wahrzunehmen und damit eine Versöhnung überhaupt erst zu ermöglichen, sind aus meiner Sicht drei Haltungen hilfreich und wichtig: sich enttäuschen zu lassen, erwartend zu sein und ein gewisses Maß an Selbstbewusstsein mitzubringen. Alle drei Wörter scheinen wir auf den ersten Blick zu kennen – und dieser erste Blick lässt uns schon fragen, was um alles in der Welt denn diese drei Haltungen mit Versöhnung zu tun haben sollen. Doch wenn man ihrer eigentlichen Sprachbedeutung einmal nachspürt, entfalten sie eine ganz andere Tiefendimension.

»Enttäuschen« – ein Wort, das bei uns eher negativ besetzt ist. »Ich bin enttäuscht von dir!«, das kommt fast einem Liebesentzug gleich – und viele, vor allem Frauen, haben Angst davor, den anderen zu enttäuschen. Wir sind daran gewöhnt, dieses Wort eher im Kontext mit »Konflikten« zu gebrauchen – aber im Kontext mit »Versöhnung«?

Die Vorsilbe »ent-« bei den entsprechenden Wörtern bedeutet ursprünglich »etwas wegnehmen«. Ein »entlaubter« Baum ist ein Baum ohne Laub. Wenn einer »enttarnt« wird, dann wird ihm die Tarnung weggenommen. Wenn eine Frau »entbindet«, wird eine besonders enge Bindung aufgehoben. Und wenn jemand »enttäuscht« wird, dann wird ihm eine Täuschung weggenommen. Da ist jemand einem falschen Bild aufgesessen, einer Täuschung erlegen. Und wenn ich einen Menschen ent-täusche, manchmal enttäuschen muss, dann nehme ich ihm diese Täuschung weg. Damit aber kann sich das Bild seiner subjektiven Wahrnehmung einer objektiveren Wahrnehmung annähern. Klar – auch das tut weh, kann weh tun. Mein Bild von mir, dem anderen und der Welt trifft nicht zu, geht in die Brüche – und doch kann erst dann ein neues und realistischeres Bild in mir entstehen.

Vor einiger Zeit bekam ich den Brief einer Leserin, ein netter und schöner Brief. Im letzten Absatz lud sie mich ein, mit ihr an einem Sonntagnachmittag in den Weinbergen Rheinhessens spazieren zu gehen. Es tat mir ein wenig leid – aber sie hatte sich so eindeutig ein falsches Bild von mir und meinem Leben gemacht, dass mir nichts anderes übrig blieb, als sie zu »ent-täuschen«, sie mit der Wirklichkeit zu konfrontieren. Und diese Wirklichkeit heißt, dass ich derzeit keine Lust habe, die wenige unverplante Zeit, die mir bleibt, zu verplanen, dass ich am Sonntagnachmittag oft ein anstrengendes Wochenendseminar hinter mir habe und mir dann eher nach Mittagsschlaf und nicht nach mitmenschlichen Kontakten zumute ist, so nett sie auch sein mögen – und dass ich, wenn ich schon mal am Sonntagnachmittag Lust zum Spazierengehen durch die Weinberge Rheinhessens bekommen sollte, dies dann lieber mit ein oder zwei Freunden tue, die ich sowieso viel zu selten sehe, als mit möglicherweise sehr lieben, aber mir eben doch unbekannten Menschen. Mein »nein, vielen Dank!« hat sie sicherlich enttäuscht – aber es hilft ja auch nicht, ihr vage Hoffnungen zu machen und sie zu vertrösten.

»Ent-täuschen« kann heißen, ein falsches Bild zu korrigieren, eine Täuschung wegzunehmen. Manchmal bin ich enttäuscht von mir selbst, da habe ich mir ein Bild von mir selbst gemacht, dem ich nicht gerecht werden kann. Ich wäre gerne immer gut drauf und fröhlich und guter Dinge – und doch holen mich manchmal Depression und Melancholie ein. An solchen Tagen geht es mir nicht unbedingt besonders gut – aber was hilft es mir denn, wenn ich mir deswegen auch noch böse bin? Davon geht es mir mit Sicherheit nicht besser, sondern eher noch schlechter.

Manchmal bin ich von Menschen enttäuscht, denen ich mich anvertraut habe. Muss denn wirklich immer ich die Beziehungsarbeit leisten, könnten nicht auch einmal die anderen anrufen, einen Brief schreiben? Ich setze meine Formen, meine Bilder absolut – und sehe nicht mehr, dass ihre Form der »Beziehungsarbeit« möglicherweise eine andere ist, dass sie zum Beispiel für mich beten, dass sie mich bei anderen verteidigen, dass sie mir gerade die Aufgabe oder Herausforderung zuschanzen, von der sie denken, dass ich sie jetzt brauchen könnte. Enttäuschung kann heißen, den anderen ehrlicher wahrzunehmen, in ihn nicht all das hineinzuprojizieren, was ich gerne hätte, ihn anders sein zu lassen, als es meinem Bild von ihm entspricht. Er ist nicht dazu da, um meine Erwartungen zu erfüllen, sondern um er selbst zu sein und zu werden. Wenn meine Liebe an Bedingungen geknüpft wird, dann ist es eine sehr kleine Liebe – wenn sie denn überhaupt eine Liebe im eigentlich Sinn des Wortes ist.

Und manchmal muss ich mich wohl auch von Gott enttäuschen lassen. Auch er ist nicht dazu da, um wie ein Automat meine Gebete umgehend zu erhören, um so in mein Leben einzugreifen, wie ich es gerne hätte. Auch das ist Realität. Gott muss sich meinen Erwartungen entziehen, Gott muss mir meine Bilder von ihm wegnehmen – denn jede Erwartung, jedes Bild würde ihn für mich »handhabbar« machen. Er muss sich meinem Begreifen entziehen, er muss mich enttäuschen – eben weil er größer ist als all mein Denken. Ein Gott, der in mein Denken hineinpasst, wäre kein Gott, dann wäre er kleiner als ich – und das kann Gott ja wohl nicht sein.

Versöhnung braucht eine realistische Sicht der Dinge – Täuschungen helfen nicht weiter. Immer dann und dort, wo ich mich versöhnen will, muss ich bereit dazu sein, mich »ent-täuschen« zu lassen.

Eng verwandt zu diesen Gedanken sind in der deutschen Sprache zwei Wörter, die sich ähnlich anhören – und zwischen denen doch Welten liegen, die Wörter »Erwartung« und »erwarten«.

»Erwartung« – das meint ungefähr das, wenn jemand zu seinem Partner sagt: »Ich erwarte von dir, dass du die Zahnpastatube von hinten nach vorne ausdrückst, deine Socken in den Wäschekorb tust und mir sagst, wenn du nicht rechtzeitig zum Mittagessen kommst.« Ich habe Erwartungen an dich, ich habe Bilder davon, was du wann wie zu tun hast – und wehe, wenn nicht!

Ganz anders klingt es, wenn das junge Mädchen am Telefon zu ihrem Freund sagt: »Ich erwarte dich!« Sie sagt nicht: »Ich erwarte *von* dir!« und verknüpft damit irgendwelche Bilder, denen der andere gerecht werden muss, sondern sie sagt: »Ich erwarte dich! Komm, wann auch immer du willst, wie auch immer du willst! Ich bin da für dich, auch wenn alles ganz anders ist!« Statt dem anderen vorzuschreiben, wie er zu sein hat, was er zu tun und zu lassen hat, bin ich offen für das, was ist.

Und mag es manchmal nicht auch so sein, dass wir von Gott erwarten, dass er unseren Bildern von ihm entsprechen möge, statt dass wir ihm gegenüber erwartend sind?

Versöhnung – das kann auch heißen, Abschied zu nehmen von den Bildern, die ich mir von mir selbst, von anderen oder von Gott gemacht habe und stattdessen eine neue Haltung der Offenheit einzuüben, die zugesteht, dass das Leben eben manchmal ganz anders ist. Aus dem »Sich-enttäuschen-lassen«, das eher vergangenheitsorientiert ist, kann eine Haltung des »Erwartend-seins« werden, die offen und neugierig ist auf das ganz Andere.

Dies aber geht nur in Verbindung mit einem gewissen Selbstbewusstsein. Für viele Menschen ist Selbstbewusstsein ein hohes Ideal – und sie verbinden damit Stärke und Macht und Größe. Filmstars sind selbstbewusst und hochbezahlte Fußballer – und Politiker sind es sowieso von Beruf. Und wir bewundern sie und denken: »Wenn wir doch auch nur so wären!«.

All das hat eigentlich mit »Selbstbewusstsein« wenig, wenn nicht gar nichts zu tun. Selbstbewusstsein« heißt eigentlich nur: »Ich bin mir meiner selbst bewusst« – das ist »Selbst-bewusst-sein«.

Wenn ich *weiß*, dass meine Nase etwas groß geraten ist, dann sagt mir niemand was Neues, der darüber einen Witz macht. Ich weiß es ja schon längst! Damit aber kann er mich nicht mehr verletzten oder mich aus der Balance bringen, im Gegenteil: Ich hab vielleicht sogar eine passende Antwort schon parat. Ich kann selbstbewusst und souverän damit umgehen, weil es mir längst bewusst ist – wenn, und das ist die Voraussetzung, wenn ich mich mit meiner Nase »versöhnt« habe, sie als Teil von mir selbst akzeptiert und angenommen habe.

Natürlich ist das Beispiel banal – obwohl auch hier für entsprechende Operationen Unmengen von Geld bezahlt werden. Aber man kann es durchaus auf andere Bereiche übertragen. In meinem Bekanntenkreis gibt es eine Frau, die sicherlich 40 kg zu viel wiegt. Aber sie lebt diese 40 kg so, dass niemand darüber eine blöde Bemerkung machen würde. Sie gehören zu ihr, sie hat ihr Übergewicht angenommen, hat es in ihrem Selbstbild integriert – und kann sich zu Fastnacht auf wunderbare Weise selbst damit ins Lächerliche ziehen. Und das tut sie durchaus sehr selbstbewusst!

Wenn ich weiß, dass ich nah an den Tränen gebaut habe – und das für mich so in Ordnung ist, dann kann ich auch selbstbewusst genug sein, meinen Tränen freien Lauf zu lassen, da, wo es für mich angesagt ist. Und dann entschuldige ich mich nicht und habe kein schlechtes Gewissen dabei, sondern sage vielleicht einfach nur ein erklärendes Wort für die anderen, die damit vielleicht nicht so gut umgehen können.

Selbstbewusstsein – das ist der realistische Blick auf mich selbst – und das Annehmen dessen, wie ich bin. Das heißt nicht, dass es in dem einen oder anderen Punkt keinen »Veränderungsbedarf« bei mir gäbe – aber wie schon gesagt: Verändern kann ich nur das, um das ich weiß.

Wer sich versöhnen will, muss sich zuallererst der Realität stellen, muss bereit sein, sich enttäuschen zu lassen, voll Neugier und Offenheit erwartend zu sein – und sich seiner selbst bewusst. Und das gilt jeweils sowohl für die Versöhnung mit sich selbst wie auch für die mit anderen – und mit Gott.

Wenn Wahrnehmen und Zulassen der Realität der erste Schritt zur Versöhnung sind, dann kann das »in Sprache bringen« der zweite Schritt sein. Wie wichtig das ist, kennen wir ja auch aus anderen Zusammenhängen: Es mag ja nett sein, wenn einer *denkt*, dass er mich gern hat – aber was nutzt es mir, wenn er es nicht *sagt*? Wie soll der andere um etwas wissen, was ich ihm nicht mitteile, nicht mit ihm teile? »Sprache« ist dabei wiederum sehr weit zu verstehen. Der selbstgepflückte Blumenstrauß des Zwölfjährigen kann Bände sprechen – das »Wollen-wir-wieder-gut-sein?« zwischen Heike und Peter mag einem ausführlichen Schuldbekenntnis gleich kommen – und ein Blick kann manchmal mehr als Worte sagen. Vielleicht wäre es deshalb sogar richtiger zu sagen: Es muss irgendwie zum Ausdruck kommen, egal ob mit Worten oder Gesten, einem Bild oder einem Blumenstrauß. Deshalb ist ein solches »Aus-drücken« nur dann echt und stimmig, wenn ein »Eindruck« dahinter steht, wenn es aus dem Herzen kommt. Ich möchte etwas, was mich bewegt, berührt, beschäftigt, was irgendwie einen Eindruck in mir hinterlassen hat, zum Ausdruck bringen. Und der andere spürt sehr schnell, ob der Blumenstrauß der »Ausdruck« eines »Ein-druckes« ist – oder ob sich jemand damit nur billig loskaufen will.

Das aber ist nur der eine Aspekt dieses »In-Sprache-bringens«. Oft genug ahnt der andere ja schon, was ich ihm sagen will. Aber manchmal ist es so, dass gar nicht der andere diese »Mit-teilung« braucht, sondern dass ich sie brauche. In dem Moment, wo ich etwas nicht nur alleine vor mich hin*denke*, sondern es einem anderen sage, mache ich mich verbindlich, lege ich mich fest. Ich stehe zu dem, was war und was ist. Das ist oft ein ganz wichtiger Schritt – und es hilft nichts, aus vermeintlicher Nächstenliebe heraus dem anderen dieses Eingeständnis ersparen zu wollen. Er braucht es, um sich »los-sprechen« zu können, um etwas, was im Inneren ist, nach außen zu bringen. Das kann auch eine Form sein, sich von etwas zu befreien – das, was mich als »Eindruck« nach innen belastet, als »Ausdruck« »äußern« zu dürfen. Etwas in Sprache bringen, aussprechen, kann eine ganz wichtige Form der Verarbeitung und damit ein Schritt zur »Versöhnung« sein.

Der dritte Schritt wäre dann eigentlich die »Ent-schuldigung« – und die Vorsilbe »ent-« kennen wir ja nun auch schon. Es ist die Bitte darum, dass mir das, womit ich schuldig geworden bin, dass mir meine Schuld weggenommen wird. Dieser Schritt braucht die ersten beiden Schritte: Ich muss mir der Realität bewusst geworden sein – und ich muss dies irgendwie zum Ausdruck gebracht haben. Eine Schuld, die ich mir und anderen nicht eingestehe, kann auch nicht vergeben werden.

Wenn jemand an diesem Punkt ist, dann hat er in der Regel auch Ideen davon, wie es denn in Zukunft besser laufen und gehen soll. Er hat Vorsätze, er weiß, was er ändern will – oder zumindest ändern sollte. Er gelobt Besserung, zumindest sich selbst gegenüber, manchmal, in mutigen Momenten, auch anderen gegenüber.

Und dann braucht es oft nur noch ein ermutigendes Wort, eine Herausforderung, ein Zutrauen, um dem Leben mit einem Kick eine andere Wendung zu geben. Um die Versöhnung mit mir selbst, mit dem anderen und mit Gott möglich zu machen. Um neu zu beginnen.

Das, was ich bisher gesagt habe, kann ich gut aus meinen psychologischen Ausbildungen so ableiten. Die »Psychologie des Menschen« deckt genau diese Erkenntnisse. Und heutzutage verdienen viele Psychologen genau damit viel Geld, dass Menschen einen solchen Weg mit ihnen zusammen gehen.

Das ist Versöhnung, so wie es die Psychologen heute wohl verstehen würden.

Es gibt aber eine Form der Versöhnung, die viel älter ist als die neuen psychologischen Erkenntnisse – aber die interessanterweise genau diese Schritte kennt. Und das ist die Beichte, das »Sakrament der Versöhnung«.

Lassen Sie mich die Schritte noch einmal zusammenfassen:

Ich werde mir der Wirklichkeit bewusst, ich stelle mich der Realität. Ich nehme Abschied von meinen falschen Bildern, stelle mich mir selbst. Das ist eigentlich das, was die »Gewissenserforschung« will.

Ich bringe es in Sprache – ich äußere das, was in mir drin ist. Und ich sage es einem konkreten Menschen.

Ich bitte um Vergebung, um Ent-schuldigung. Und ich brauche ein »du«, das mir diese »Ent-schuldung« zusagt.

Um dann neu und befreit in das Leben hinauszugehen – mit den besten Vorsätzen.

Nichts anderes ist die Beichte oder das Beichtgespräch mit einem Priester. Das entscheidend Andere daran ist: Er sagt mir die Vergebung nicht in seinem persönlichen und privaten Namen zu, sondern im Namen Gottes.

Zugegeben, mit der Beichte ist viel Schindluder getrieben worden in den letzten Jahrzehnten. Und wohl jeder kennt irgendwelche Horrorstories, die irgendjemandem beim Beichten geschehen sind. Aber die Tatsache, dass jemand eine bewährte Form missbraucht oder nicht adäquat damit umgeht, muss ja noch lange nicht heißen, dass der Inhalt schlecht ist. Beichten – das kann ein durchaus heilsamer Prozess sein. Ich werde mir meiner selbst bewusst, ich bringe es ins Wort, ich bitte um Entschuldigung für das, wo ich mich verfehlt habe und bekomme die Zusage für den Neubeginn.

Und ich mache das eben nicht nur allein mit mir selbst ab, ich rede nicht gerade mal am Gartenzaun mit dem Nachbarn darüber, nein, ich bringe es vor Gott – der höchsten und letzten Instanz in meinem Leben.

Klar, man kann sich miteinander versöhnen, ohne dass dabei Gott ins Spiel kommen muss. Man kann abends im Bett fragen »Wollen wir wieder gut sein?«, ohne das Vaterunser aufgesagt zu haben. Und das ist ja auch gut so – dass überhaupt Versöhnung, wenn auch nicht als Wort, aber als Tun präsent ist.

Trotzdem – wenn es eine größere Macht in unserem Leben gibt, dann kann es sein, dass ich mich eben nicht nur an mir oder an anderen, sondern auch gerade ihr gegenüber versündige. Oder vielleicht sogar: Wenn ich mich mir selbst gegenüber versündige, wenn ich mit mir selbst nicht gut umgehe, wenn ich dem andern unnötig weh tue, dann versündige ich mich an der Macht des Lebens. Diese Macht des Lebens nennen wir Christen »Gott«, einen Gott, der in Jesus Christus Mensch geworden ist. Und gerade deshalb dürfen wir auch Mensch sein – weil sogar der Gott, an den wir glauben, Mensch geworden ist.

Mensch sein, das heißt wiederum: Ich werde immer wieder meinen eigenen Erwartungen nicht gerecht, ich versage, ich mache mich schuldig. Und dann gibt es den Riss in meiner Seele, die Wunden des Herzens. Aber: Wer sich mit Gott versöhnt, der ist auch in der Lage, sich immer wieder mit sich selbst und mit den anderen zu versöhnen.

Bin ich schön genug?

Regina Ammicht Quinn

Was tun wir nicht alles, um schön zu sein? Wir gehen einkaufen; kaufen neue Kleider, weil die, die vom vorletzten Jahr im Schrank sind, nicht mehr ›schön‹ genug sind, uns nicht mehr schön genug machen. Wir brauchen nicht nur eine angemessen modische Dekoration des Körpers, sondern gleichzeitig die Arbeit an der Verbesserung des Körpers selbst. Dies kann auch beim Einkaufen erledigt werden – Cremes, Salben und Pillen, die richtigen Nahrungsmittel, aber nicht zuviel davon. Anderes kann nicht beim Einkaufen erledigt werden, sondern erfordert ein hohes Maß an Disziplin und Konzentration: Sport, Fitness, Fasten. Und wenn alles nicht hilft, keine Kleider und Cremes, keine Massagen und Meditationen, keine Diäten und Dauerläufe, dann bleibt immer noch der Gang zum Schönheitschirurgen, wo Krummes begradigt, Fett abgesaugt und Silikon eingebaut werden kann.

Was also tun wir, um schön zu sein?

Fast alles.

Das Urbild weiblicher Schönheit in der abendländischen Literaturgeschichte ist Helena. Von ihrem Schöpfer, dem Dichter Homer, erfahren wir lediglich, dass Helena »einer unsterblichen Göttin« glich[1] – die Leserinnen und Leser der letzten drei Jahrtausende haben sich daraufhin selbst ein Bild von Helena gemacht. Was wir dagegen in Homers Epos Ilias in äußerster Genauigkeit erfahren, ist, was Helenas Schönheit – ohne oder fast ohne Zutun ihrer Trägerin – bewirkt: Entführung, Krieg, Zerstörung, Eroberung.

Schönheit ist eine Macht, im Laufe der Kulturgeschichte eine Lebensmacht, immer wieder auch eine Todesmacht. Und heute?

In der Kulturphilosophie ist seit mehreren Jahren die Auseinandersetzung im Gange, ob denn Männer durch die Schönheit der

Frauen benachteiligt sind oder Frauen durch den Zwang zur Schönheit.[2] Gleichzeitig sind die Helenas der westlichen Postmoderne längst in die Ratgeberliteratur abgewandert, wo sie eindringlich verkünden, mit welcher Kleidung, welchem Haarschnitt und welchen Kosmetika, aber auch mit welcher Ernährung, welchem Sport, welcher Sexualität und welcher Spiritualität eine Frau schön wird und als Schönheit ihre Macht entfaltet. Das Diktum, dass man einer Schönheit alles zutraut, aber sonst nichts,[3] ist Thema unzähliger Blondinenwitze. Wo sie in Frauenrunden lustvoll erzählt werden, können sie den allgemeinen Drang zur uniformen Schönheit vielleicht ironisch unterlaufen, aber keineswegs außer Kraft setzen. Diese Abwanderung Helenas in die Ratgebermagazine ist Ausdruck einer neuen Wahrnehmung von Schönheit, die eng verbunden ist mit einer neuen Haltung dem Körper gegenüber.

Vor allem im letzten Jahrzehnt ist der Körper in das Zentrum der gesellschaftlichen und individuellen Aufmerksamkeit gerückt. Der amerikanische Philosoph Richard Shusterman bemerkt: In der westlichen städtischen Kultur seien Kirche und Museum durch die Fitnessstudios verdrängt worden. *Sie* seien nun die »privilegierte[n] Orte einer auf Selbstverbesserung gerichteten Lehre«, Orte, »die in seiner Freizeit zu besuchen man als Pflicht sich selbst gegenüber empfindet, auch wenn dies mit Unannehmlichkeiten und Mühen verbunden ist«.[4]

Die Beschäftigung mit dem Körper soll offenbar Bedürfnisse befriedigen, denen die traditionellen religiösen oder bildungsbürgerlichen Institutionen – Kirche und Museum – immer weniger gerecht werden. Es sind Bedürfnisse nach Ganzheit, Schönheit, Heil. Der Körper ist als Markt[5] entdeckt worden; er hat Konjunktur. Gerade weil er immer dünner werden muss, ist er eine Wachstumsbranche; denn der Körper ist zum Statuszeichen geworden. *Jugendlichkeit, Schönheit* und *Fitness* sind die drei Zielmerkmale gelingender und gelungener Körperlichkeit. Das alles bedeutet aber nun, dass ein wesentlicher und neuer Schritt in der Deutung von Körperlichkeit vollzogen worden ist: Körperlichkeit ist nicht einfach da, sondern sie ist gut oder schlecht, gelungen oder misslungen. Der eigene Körper ist nicht mehr einfach Schicksal, bei dem einen eben etwas besser, bei der anderen etwas schlechter; er ist vielmehr das Ergebnis von Handlungen. Der herrschende Körperkult versteht den Körper als Projekt. Damit wird der Körper insgesamt – nicht nur dessen Genitalien – zum moralischen Problem, zu einem Gegenstand des Sollens und Müssens.

Das Körper-Projekt zielt auf Perfektion, genauer: auf ein perfektes Körper-Design. Jedes Design hat zwei wichtige Dimensionen: die Funktion und die Ästhetik. Schon beim Design jeder Kaffeemaschine tauchen diese Dimensionen auf. Man fragt, wie sie aussieht und wie sie funktioniert. Diese beiden Aspekte sind beim Körperdesign deutlich geschlechtlich markiert. Die Frage nach der Funktion bezieht sich überwiegend auf den Männerkörper: Er muss vor allem funktionieren; seine wesentlichen Eigenschaften sind Kraft, Stärke, Ausdauer, Potenz. Die Frage nach der Ästhetik bezieht sich – ebenfalls nicht ausschließlich, aber ebenfalls mit deutlicher Tendenz – auf den Frauenkörper.

Die 1884 geborene Katia Pringsheim, Ehefrau von Thomas Mann, Enkelin der Frauenrechtlerin Hedwig Dohm, beginnt ihre »Ungeschriebenen Memoiren«[6] mit dem Satz: »Mein Vater war Professor der Mathematik an der Universität in München, und meine Mutter war eine sehr schöne Frau.« Katia Mann benutzt hier ein Stilmittel, das auffallend vielen biographischen Schriften des späten 19. und frühen 20. Jahrhunderts gemeinsam ist: Die Schönheit der Mutter oder Ehefrau wird hervorgehoben und spielt eine entscheidende Rolle.[7]

Dass Schönheit auch einen Marktwert hat, z.B. auf dem Heirats- oder Beziehungsmarkt, aber inzwischen auch auf dem Arbeits- oder Warenmarkt –, ist eine historisch neue Entwicklung – genauer eine Entwicklung des späten 18. und 19. Jahrhunderts. Vor der Industrialisierung war Schönheit nicht einfach unwichtig, hatte aber eine andere kommunikative Funktion. Im Alltagsleben galt Schönheit durchaus als Zier. Sie kam zu den eigentlichen Beurteilungskriterien der Frau – Fruchtbarkeit, Arbeitskraft, Stellung im sozialen Gefüge und die damit verbundene Mitgift – dazu, dominierte sie aber nicht und setzte sie auch nicht außer Kraft. Nur in Märchen oder im Roman, also in der Welt der Kunst wurde Schönheit auch an sich zelebriert, also unabhängig von den herrschenden sozialen Werten.

Je strikter sich im 19. Jahrhundert die private und die öffentliche Sphäre voneinander trennten, desto deutlicher entstand eine neue Form von weiblicher Häuslichkeit und innerhalb dieser Häuslichkeitskultur allmählich ein weiblicher Schönheitskult. Dieser Schönheitskult wird verstärkt von der Möglichkeit, nun weibliche Idealbilder auf frühen Fotografien zu reproduzieren und zu veröffentlichen und von der Tatsache, dass gegen Ende des 19. Jahrhunderts bürgerliche Haushalte mit Spiegeln ausgestattet sind. Der Schönheitskult erwächst aus der Vorstellung, dass es eine objektive und universelle Qualität namens Schönheit gibt, nach deren Besitz zu streben für Frauen gleichzeitig eine naturgegebene Neigung und eine öffentliche Aufgabe ist. Das Währungssystem Schönheit funktioniert, indem Frauen danach streben, sie zu besitzen, während andere Personen oder Institutionen danach streben, Frauen zu besitzen, die sie besitzen.[8]

Der Schönheitsmythos hat damit nicht nur und nicht in erster Linie eine ästhetische Funktion. Er entsteht gemeinsam mit den neuen Errungenschaften der bürgerlichen Frauen des 19. Jahrhunderts und der Mittelschichtfrau des 20. Jahrhunderts – mit musse, Bildung und der relativen Freiheit von materiellen Zwängen. Der Schönheitsmythos wird ein Gegengewicht gegen deren potenzielle Gefährlichkeit. Die endlose Sisyphusarbeit von Lebensunterhalt und Haushalt wird ersetzt oder ergänzt durch die »endlose Sisyphusarbeit an der eigenen Schönheit«[9], die die Energien gebildeter, aber nicht oder nur unvollständig am öffentlichen Leben teilnehmender Mittelstandsfrauen bindet.

Dabei entwickelte sich um 1920 in den westlichen Gesellschaften eine neue Bilderwelt für den weiblichen Körper: Er wurde dünn.[10] Zur selben Zeit, in der Frauen in den westlichen Gesellschaften das Wahlrecht erhielten, wurde Schlankheit zur wichtigsten körperlichen Normierung. Während sich für Frauen ein Stück Welt, ein Stück Gesellschaft öffnete, entstanden neue Gefängnisse, diesmal ganz individuelle: der eigene Körper gehörte dazu.

Denn der eigene Körper kann die normierten und sich ständig verschärfenden[11] Standards nicht erreichen. Die epidemische Unzufriedenheit mit dem eigenen Körper betrifft inzwischen nicht nur, aber überwiegend Frauen – besonders Mädchen in der Pubertät. Schon im Jahr 1984 äußerte die Mehrheit der befragten 33.000 Frauen einer Studie des College of Medicine der University of Cincinnati, es sei ihnen wichtiger, zehn oder fünfzehn Pfund abzunehmen, als in ihrem Beruf Erfolg zu haben oder ein befriedigendes Liebesleben zu führen.[12] Erfolg und Liebe, so die innere Logik des Schönheitsmythos, kommen von allein – wenn nur der Körper ›richtig‹ ist.

Eine Studie der Universität Jena vom Juni 2002[13] nennt deutliche Zahlen: 29 % der befragten Frauen zwischen zwölf und zweiunddreißig, also knapp ein Drittel, haben Frühformen von Essstörungen. Bei den Männern sind es 13 %, also etwa jeder achte. Unterschiede zwischen Ost und West und Unterschiede zwischen Schularten sind deutlich; am höchsten sind die Zahlen bei Gymnasiastinnen in den Alten Bundesländern: hier werden mehr als die Hälfte als gefährdet eingestuft. 42 % aller Schülerinnen halten sich selbst für übergewichtig, obwohl medizinisch gesehen nur 8 % von ihnen übergewichtig sind. Die Zahlen, so die Bundeszentrale für gesundheitliche Aufklärung, nehmen beständig zu.

Was bedeutet das Schlankheitsideal für die Frage nach der Ästhetik im laufenden Körper-Projekt?

Weibliches Fett, jahrhundertelang Zeichen der Erotik und weiblicher Sexualität, ist in den westlichen Industrienationen zu einem moralischen Thema geworden, zu einem Thema von richtig und falsch, von gut und böse. Weibliches Fett wird mit Schmutz assoziiert. Der Kampf um Reinheit, der bislang in der Seele und im Haus stattfand, wird nun auf den Körper verlagert. Und damit werden auch die Schuldgefühle verlagert, die entstehen, wenn man dem ästhetischen Ideal nicht gerecht wird. In gleichem Maße, in dem die Forderung nach genitaler Keuschheit – auch für Frauen – in den letzten beiden Jahrzehnten in den Hintergrund getreten ist, wird diese Forderung nun vom genitalen auf den oralen Bereich verschoben, damit auch den Bereich der Ernährung. »Ich bin ein Mädchen, das einfach nicht nein sagen kann«, verkündet ein Model in einer Werbung für kalorienarmen Pudding[14] gespielt schuldbewusst. Und Erlösung verspricht ihr eine Lebensmittelserie, die sich erfolgreich unter dem Namen »Du darfst«

verkauft. Ein Eishersteller vermarktet die Varianten seines größten und kalorienreichsten Eis am Stil als die »Sieben Todsünden«. Man spielt damit, dass der Konsum von solch gehaltvollen Süßigkeiten Sünde ist, während gleichzeitig die Werbung zum lustvollen Schuldigwerden verlockt. Diese Beispiele zeigen, dass die ganze Frage der Lust und der Befriedigung durch Essen hoch moralisch besetzt ist, wenn auch immer wieder in ironischer Brechung.

Frauenkörper, die im Zentrum all dieser Anstrengungen, Bewertungen und Kontrollen stehen, scheinen grundsätzlich beschädigt, unzulänglich, ungenügend zu sein. Eine Rettung, so suggerieren zwei der großen frauenorientierten Wachstumsindustrien, die Diät- und die Kosmetikbranche, wird möglich, indem quasi-religiöse Rituale am Körper und mit dem Körper vollzogen werden. So imitiert ein Diätzyklus mit seiner Abfolge von Selbstprüfung, Selbstkasteiung und Befreiung[15] den österlichen Zyklus von Leid und Auferstehung. Die Kosmetikindustrie erweckt und spielt mit Assoziationen des Siegs über Vergänglichkeit und Verdammnis, verspricht Wiedergeburt und Ewigkeit. Voraussetzung dafür ist die Salbung mit Ölen, deren Preise eine Gewinnspanne von etwa 90 %[16] haben und damit einerseits eine gewisse Heiligkeit der Produkte suggerieren und sie fast als Neuauflagen von mittelalterlichen Ablassbriefen erscheinen lassen, weil hier wie dort Schuldgefühle mit Geldgaben besänftigt werden.

Es gibt inzwischen auch weitaus drastischere und radikalere Möglichkeiten, dieser Schuld am eigenen unzulänglichen Körper und dem Gefühl des Ungenügens zu begegnen – die plastische Chirurgie. Hässlichkeit sollte »nicht mehr als kosmetisches Problem, sondern als Krankheit« betrachtet werden, schlägt der Präsident der Amerikanischen Gesellschaft für Altersforschung, Arthur K. Balin vor.[17] Schönheit wird zum Normalfall, jede Abweichung von der Norm zum therapiebedürftigen Sonderfall. Dass es den mit der Norm übereinstimmenden Normalfall eigentlich nicht gibt, wird dabei tunlichst verschwiegen. Entweder von vornherein oder spätestens mit den ersten Anzeichen des Alterns werden Frauen zum kranken Geschlecht.

Schönheitschirurgie ist eine Wachstumsbranche[18] mit zwei Schwerpunkten – den ›Anti-Aging-Programmen‹ und der ›Problemzonenchirurgie‹, die häufig nahtlos ineinander übergehen. Ein extremes Beispiel ist Cindy Jackson[19], die in bislang 38 Schönheitsoperationen ihren eigenen Körper nach dem Vorbild einer Barbie-Puppe modellieren ließ. Inzwischen ebenfalls verbreitet ist ein neues Lifestyle-Medikament. Botox – *Botulinum Toxin Type A* – heißt es und wurde im April 2002 als Medikament zur Behandlung von Falten von der U.S. Food and Drug Administration zugelassen. Botulinum Toxin ist eines der stärksten Gifte überhaupt, das von Bakterien produziert wird. Die Aum Shinriko Sekte experimentierte mit dem Stoff als biologische Waffe. In der kosmetischen Behandlung wird Botox unter die Gesichtshaut gespritzt. Die Muskelpartien, die aufgrund ihrer Beweglichkeit Falten verursachen, werden damit stillgelegt und die Falten verschwinden – Lachfalten und Sorgenfalten und mit ihnen auch die gesamte Palette mimischer Ausdrucksweisen.

Diesen Entwicklungen liegt die grundsätzliche Tendenz einer *globalen Visualisierung* zugrunde. Gleichzeitig kann man eine Vernachlässigung der anderen Sinne beobachten. So berichten Frauen nach einer Brustkorrektur von größerer sexueller Befriedigung gerade durch ihre Brüste, obwohl die Nerven verödet und die Brüste selbst empfindungslos geworden sind.[20] Entscheidend für erotisches Empfinden scheint dann nicht mehr das Empfinden selbst zu sein, sondern die vermeintliche Übereinstimmung mit erotischen Idealen. Erotisches Empfinden entsteht im Blick auf sich selbst mit den Augen der anderen. Das eigenleibliche Spüren, das *Sich-im-Körper* und *-als-Körper-Spüren* tritt zurück hinter den Versuch, sich selbst als Bild zu betrachten, als unvollkommenes, aber retuschierbares Bild. Man hat das vorschnell weiblichen Masochismus genannt, weil Weiblichkeit und Schmerz im kulturellen Bewusstsein – vor allem durch den Geburtsschmerz – miteinander verquickt werden. Aber wäre es nicht besser, auch über den Sadismus einer Gesellschaft nachzudenken, der Gesundes als krank und mit Gift und Messer behandelbar erklärt?

Weibliche, neuerdings auch männliche Schönheit in den westlichen Gesellschaften ist also eng verbunden mit Körperkontrolle – der Kontrolle des Körpers durch den ›Geist‹. Die Struktur dieser Körperkontrolle ist uns aus bestimmten Schichten der christlichen Tradition bekannt. Der ›Geist‹ war dort stets der Bezwinger menschlicher Triebstrukturen, in denen die Sünde selbst verkörpert war. Für Frauen entstand daraus ein auf entgegengesetzte Frauenbilder bezogenes gespaltenes Weiblichkeitsideal: Eva, die Schöne – die Körperliche, Verführerische und Todbringende; Maria, die Schöne – die Reine, Jungfräuliche, die Lebensspendende. Maria als die neue Eva bleibt durch ihren Vorsprung der unbefleckten Empfängnis für Frauen unerreichbar, obgleich ihr in Demut nachzueifern ist; Eva, die Gegen-Maria, bleibt die körpergebundene und gleichzeitig Unheil produzierende reale Perspektive.

Als Erbe dieser vielleicht schon untergegangenen, aber im kollektiven Unterbewussten nach wie vor wirksamen Bilderwelt hat die abendländische Kultur das Motiv strenger Körperkontrolle behalten. Die Kontrolle hat sich lediglich auf die Körperoberfläche verlagert. Der Körper sollte so unter Kontrolle sein, dass er der Körpernorm entspricht. Dies ist die Botschaft, die vor allem Frauen (fast) jeden Lebensalters hören. Diese Körpernorm orientiert sich am Knabenkörper, für Frauen mit zusätzlichen wohldosierten und wohlkontrollierten weiblichen Attributen. Der ideale weibliche Körper nähert sich damit dem weiblichen Kinderkörper an – zu einer Zeit, in der Frauen historisch zum ersten Mal in großer Anzahl gleichberechtigte Orte innerhalb der Gesellschaft anstreben.

Ist aber Schönheit anders denkbar? Nicht als streng normierte Körperkontrolle, sondern als Freisetzung des Körpers, der dann, jenseits von Körpernormen, einfach *sein* darf? Voraussetzung für eine solche Freisetzung ist eine freundliche, nicht eine misstrauische Bewertung menschlicher Körperlichkeit.

Es gibt christliche Traditionen, die einen anderen Umgang mit Körperlichkeit und Schönheit prägen könnten. So ist die biblische Sprache der Hebräischen Bibel, des so genannten Alten Testaments, nicht primär an Formen und Aussehen der Menschen und Dinge interessiert, sondern an der *dynamis*, an deren Wirkung. *Du bist schön, meine Freundin* – so hören wir die jahrtausendealte Stimme des Hohelieds der Liebe. Die Beschreibung dieser Schönheit ist aber anders, als wir sie erwartet hätten: *Deine Blicke sind Tauben*, heißt es da, *Dein Haar ist wie eine Ziegenherde, die vom Gileadgebirge herabstürmt. … Deine Brüste sind wie zwei Kitzen, / Zwillinge einer Gazelle, / die unter Lotusblumen weiden.* Auch Homer hat Helenas Schönheit in ihrer Wirkung, nicht als Abbild irgendeines Ideals beschrieben. Das Hohelied ist hier weit radikaler: Schönheit ist keine Funktion, kein objektives Ergebnis von richtigen Formen, sondern Schönheit entsteht im Blick dessen, der liebt. Schönheit zeigt sich einzig und allein in und aus einer Beziehung: »Das Schönheitsideal ist kein Körperideal, sondern ein Verhältnisideal.«[21] Der theologische Gehalt der Liebeslieder des Hohelieds verweist so vor allem auf eines: auf das Lebendigwerden der Schönheit im Blick des Liebenden, letztlich im Blick Gottes.

Diese Tradition des Alten Testaments setzt sich fort in der Hochschätzung und Freisetzung menschlicher Körperlichkeit, die uns im Neuen Testament begegnet. In den Heilungsgeschichten der Evangelien wird das verkündete Heil an die Wiederherstellung körperlichen Heilseins gebunden: Dort, wo die Blinden, Tauben und Lahmen, die Aussätzigen, Verkrümmten und Blutflüssigen heil werden, ist das verheißene Heil des Reiches Gottes jetzt schon spürbar. Dieses verheißene Heil bekommt seine Gestalt nicht in der verborgenen Heilung der Seelen, sondern in der sichtbaren Heilung der Körper.

Eine dritte, symbolisch-theologische Tradition bezieht sich auf die Grundwahrheit des Christentums: die Inkarnation. Gott wird Mensch – genauer: Gott wird Fleisch. Wenn man von diesem Wort den Schleier, den Weichzeichner entfernt, den jahrhundertelanges theologisches und liturgisches Sprechen auf ihm hinterlassen hat, wird deutlich, dass es ein anstößiges Wort ist. Zum einen wurde es in eine Zeit hineingesagt, die den Geist betonte; zur Zeit Jesu hätte man das Heil sehr viel eher in der Überwindung alles Irdischen, Körperlichen erwartet, in Askese und in Abkehr von der gesamten Materie. Zum anderen ist der Wortgebrauch drastisch. Denn das Zentrum der Verkündigung ist nicht, dass Gott – wie spätere Theologen es formulieren wollten – einen Leib an- und dann wieder auszieht. Sondern: Das Wort ist Fleisch geworden. Es zieht nicht eine fleischliche Hülle an, um vorübergehend den Menschen menschlich begegnen zu können, sondern es *wird* Fleisch. Die frühe Kirche hat den Inkarnationsbegriff aber nicht dazu benutzt, um den menschlichen Körper in all seiner Kontingenz aufzuwerten oder gar zu feiern. Die Menschwerdung Gottes wurde vielmehr zum Anstoß, an der Vergöttlichung des Menschen zu arbeiten. Dies geschah in der energischen Unterdrückung all seiner sinnlichen Bedürftigkeiten.[22]

In den biblischen Traditionen und im theologischen Begriff der Inkarnation zeichnen sich völlig andere Impulse für eine zeitgenössische Frage nach Schönheit ab.

Schönheit als Freisetzung des Körpers könnte bedeuten, dass die strenge Normierung des Körpers aufgebrochen wird zugunsten einer Bandbreite von Körperbildern. Ästhetische Körperlichkeit und körperliche Ästhetik könnten neu entworfen werden in einer Weise, die nicht Formen abmisst und ausrechnet, sondern lernt, sich mit neuen Blicken auf Wirkungen einzulassen; ästhetische Körperlichkeit und körperliche Ästhetik, die die Nicht-Normierbarkeit, Pluralität und Wandelbarkeit von Schönheit erneut erkennt und schätzt. Schönheit wäre dann nicht länger Ergebnis einer schmerzhaften und mühsamen Körperkontrolle, sondern Zeichen und Wirkung einer Beziehung zwischen Menschen.

Schönheitsideale hat es immer gegeben – und wird es weiterhin geben. Wir, heute, haben an zwei Punkten etwas zu lernen; denn Schönheit selbst ist zweierlei: sie ist ein Ideal – und sie ist das, was reale Menschen sehen und sind.

Schönheit als Ideal bezieht sich auf Perfektion und letztlich auf Unsterblichkeit; es ist ein Ideal des Körpers, der nicht nur perfekt ist, sondern auch immer und ewig so bleibt. Damit ist Schönheit als Ideal Teil eines großen Menschheitstraums. Helena und all ihre Nachfolgerinnen auf den Hochglanzfotos der Zeitschriften haben diesem Traum Gestalt gegeben. Und wir alle dürfen ihn träumen – solange wir wissen, dass es ein Traum ist und nicht das nächste Etappenziel im Kampf gegen unseren Körper. Werden die Helenas (und Hektors und Achills) der Hochglanzfotos zu allgemeinen und allgemein gültigen Vorschriften, an denen sich Menschen fast jeden Lebensalters messen lassen müssen, wirken sie zerstörerisch.

Das erste Lernziel: Wir müssen lernen zu unterscheiden zwischen Schönheit als dem Menschheitstraum von Perfektion und Unsterblichkeit einerseits und Schönheit als höchst unterschiedliches und immer der Veränderung unterworfenes Attribut realer Menschen andererseits.

Die Schönheit als das, was reale, sich verändernde, alternde und sterbliche Menschen *sind*, wird nicht erreicht durch Fastenkuren und Schönheitsoperationen, die jenseits von gesundheitlichen Notwendigkeiten durchgeführt werden. Sie ist Zeichen und Wirkung einer Beziehung zwischen Menschen.

Hier ist der zweite Ort des Lernens: Geblendet durch die Werbebilder all der modernen Helenas in ihrer gleichförmig-normierten Schönheit, müssen wir wieder sehen lernen. Wir können die *Schönheit sehen lernen*, die nicht den klaren Vorgaben der Modefotografie folgt, weil die Menschen, denen sie zugesprochen wird, individuelle, einzigartige, sich verändernde, alternde und sterbliche Menschen sind. Und wir können *schön sein lernen* im Blick derer, die uns lieben und im Bewusstsein der Unvollkommenheit und Sterblichkeit alles Menschlichen.

Bin ich schön genug? Solange ich liebe: immer!

Und kann dann Schönheit das Leben tragen?

Vermutlich nicht – jedenfalls nicht dort, wo Schönheit als Traum und Ideal mit Kontrolle und Normierung verknüpft bleibt und vielfältiges Unglück produziert. Vielleicht sollten wir alle beginnen, umgekehrt zu denken und zu leben: Das, was das Leben trägt, setzt Schönheit frei.

Und tatsächlich: Vielleicht besteht Anlass zur Hoffnung. Die neue Helena der Popularkultur heißt Fiona. Im computeranimierten Kinderfilm »Shrek, der tollkühne Held«[23] ist sie die schöne entführte Prinzessin, die gerettet werden muss. Und sie ist, wie manche schöne Prinzessin, von einem schrecklichen Fluch belegt, den nur der »erste Kuss der wahren Liebe« aufheben kann. Dieser Fluch besteht darin, dass die schöne Prinzessin sich des Nachts verwandelt – in eine rundliche, grünhäutige Frau mit Knubbelnase und merkwürdigen Ohren. Sie leidet fürchterlich unter ihrer »Nachtseite« und ersehnt nichts so sehr wie den »Kuss der Liebe«, um endlich davon befreit zu sein. Doch es kommt alles anders, als man denkt: Den Kuss der Liebe tauscht sie nicht mit dem Prinzen (der klein, feige und größenwahnsinnig ist), sondern mit Shrek, dem Schrecklichen, dem Grünhäutigen, der am liebsten in Schlamm badet und sich von der Welt zurückgezogen hat, weil ihn dort nur Angst oder Spott erwartet. Die erlösende Verwandlung, inklusive Musik und Glitzersternchen, erfolgt sofort: Fiona ist den Fluch der nächtlichen Veränderung los; sie ist nun *immer* – rundlich und grünhäutig. »Ich versteh das nicht«, sagt sie, als sie an ihrem grünen rundlichen Körper hinunterschaut: »Eigentlich sollte ich doch jetzt wunderschön sein.« – »Du bist wunderschön«, antwortet Shrek.[24]

1 Homer: Ilias, III, 158.

2 Vgl. Naomi Wolf: Der Mythos Schönheit, Reinbek b. Hamburg 1993. Bernd Guggenberger: Einfach schön. Schönheit als soziale Macht, Hamburg 1995.

3 Vgl. Guggenberger, a.a.O., S. 122.

4 Richard Shusterman: Die Sorge um den Körper in der heutigen Kultur. In: Andreas Kuhlmann (Hrsg.): Philosophische Ansichten der Kultur der Moderne, Frankfurt/M. 1995, S. 241-277; 242.

5 Hilarion Petzold: Vorwort. In: Ders. (Hrsg.): Leiblichkeit. Philosophische, gesellschaftliche und therapeutische Perspektiven, Paderborn 1986, S. 9.

6 Katia Mann: Meine ungeschriebenen Memoiren. Hrsg. v. Elisabeth Plessen und Michael Mann, Frankfurt 1983, S. 9.

7 Vgl. dazu Ute Frevert: »Mann und Weib, und Weib und Mann«. Geschlechter-Differenzen in der Moderne, München 1995, S. 154.

8 Vgl. Naomi Wolf: Der Mythos Schönheit, a.a.O., S. 14.

9 Ebd. S. 19.

10 Vgl. Dietrich Schwanitz: Der weibliche Körper zwischen Schicksal und Handlung: Die Diät und die Paradoxie des Feminismus. In: Hans Ulrich Gumbrecht / K. Ludwig Pfeiffer (Hrsg.): Materialität der Kommunikation, Frankfurt/M. 1988, S. 568-583.

11 Vor 30 Jahren wog ein Model acht Prozent weniger als eine durchschnittliche amerikanische Frau; heute wiegt ein Model 23 Prozent weniger; die Einschätzung des Normalgewichts ist in dieser Zeit um zehn bis fünfzehn Pfund gefallen. Vgl. Verne Palmer: Where's the Fat? In: The Outlook, 13. Mai 1987. Zit. nach Naomi Wolf: Der Mythos Schönheit, a.a.O., S. 261.

12 Ebd. S. 261.

13 Frankfurter Rundschau, 7. Juni 2002

14 Naomi Wolf: Der Mythos Schönheit, a.a.O., S. 133.

15 Vgl. ebd. S. 137.

16 Die faktischen Ingredienzen eines kosmetischen Produkts kosten durchschnittlich weniger als 10 % des Verkaufspreises. Vgl. dazu Gerald McKnight: The Skin Game: The International Beauty Business Brutally Exposed, London 1989; Vgl. Naomi Wolf: Der Mythos Schönheit, a.a.O., S. 165f.
17 Naomi Wolf: Der Mythos Schönheit, 342
18 Nach Auskunft der Washington Post haben Nasenkorrekturen in den USA seit 1997 um 25% zugenommen, Operationen der Augenlider um 56%. Washington Post, 4. Juni 2002.
19 www.cindyjackson.com: »When I was six years old, my parents bought me a Barbie doll. In my imagination I dreamed of a happy and glamorous life for my doll. Through Barbie I could glimpse an alternative destiny. ... 1988 I was left a small inheritance which enabled me to begin having cosmetic surgery. Little did I know at the time that this was the turning point that would ultimately make all my childhood dreams come true and change my life forever."
20 Naomi Wolf: Der Mythos Schönheit, S. 352f.
21 Silvia Schroer / Thomas Staubli: Die Körpersymbolik der Bibel, Darmstadt 1998, S. 29.
22 Vgl. zum Beispiel Athanasius, De Incarnatione Verbi; Ruether, Sex in Catholic Tradition; McFague, The Body of God, S. 163–164.
23 Dreamworks Pictures 2001.
24 Shrek, der tollkühne Held. Nach dem Buch von William Steig, Regisseur: Andrew Adamson / Vicky Jenson, 2001.

Was wird aus meiner Zeit?

Michael von Brück

»Ach du liebe Zeit«, pflegt man zu sagen, wenn etwas schief gegangen ist. Die liebe oder gute alte Zeit wird beschworen, um die eher schlechte Gegenwart zu kompensieren. Zeit ist offen. Es kann so oder so kommen. Was wird aus meiner Zeit? ist eine bange Frage, denn »the future is not our's to see«, heißt es in dem bekannten Hit, die Zukunft kennen wir nicht und, noch deutlicher, die Aussicht nach Drüben – ins Jenseits also – ist uns verrannt. Je nachdem, wie wir die Frage betonen, ergeben sich zwei Teilfragen.

Erstens: Was wird aus meiner *Zeit* – das ist die Frage nach den gesellschaftlichen Umständen, wo wir uns in die gute alte Zeit versetzen wollen und fragen, wohin das nun alles heute führen soll, die Klimakatastrophen und die Gewalt, die Korruption der Menschen, die Bevölkerungsexplosion und so weiter.

Zweitens: Was wird aus *meiner* Zeit – das ist die konkrete Frage, wie ich mit der Zeit umgehe. Ich kann gebannt in die Sanduhr schauen und die Zeit verrinnen sehen. So geht das immer weiter, bis mein Stundenglas abgelaufen ist. Sinnlos das alles, jeder Augeblick verrinnt, ja zerrinnt. So viel Unsinn füllt meine begrenzte Zeit, so viel Nichtiges. Alles fließt. Auch mein Vertrauen, dass aus meinen Leben etwas Gescheites wird, fließt dahin. Zeit läuft ab, und ich kann sie nicht aufhalten. Manchmal, wenn Glück mich überkommt, möchte ich die Zeit anhalten. Manchmal, wenn der Jammer mich überfällt, möchte ich die Zeit beschleunigen oder in einer Zeitmaschine in die Vergangenheit flüchten. Die Flucht in die Zukunft wäre eine andere Möglichkeit, aber da weiß man nicht so genau, ob alles nicht noch viel schlimmer kommt. Das Stundenglas steht vor mir, und der Sand rinnt unaufhaltbar von oben nach unten. Meine Zeit läuft ab.

Aber es gibt eine Möglichkeit, damit umzugehen: Ich kann den Perspektivenwechsel vollziehen. Statt den zerrinnenden Sand zu beobachten, kann ich mich auf meine Beobachtung konzentrieren. Den Blick nach innen, auf mein eigenes Bewusstsein richten, das diese ablaufende Zeit betrachtet. Wenn mir das konzentriert gelingt, stellt sich eine seltsame Erfahrung ein: Stabile Aufmerksamkeit bleibt fast über der Zeit stehen. Ich bin nicht mehr beim Verrinnen der Zeit, versunken in das Vergebliche, sondern ich bin ganz und gar im Augenblick der konzentrierten Wahrnehmung. Ich bin bei mir. Bei mir? Ich spüre ja nicht mich, meine Hoffnungen und Ängste, sondern die ruhige Gewissheit eines Augenblicks, der nicht von mir gefüllt werden muss. Den ich auch nicht vertun kann, sondern der einfach ist. Es ist eine Erfahrung, die die Bibel eher so ausdrückt: »Meine Zeit steht in deinen Händen«. Wer immer das ist, der da die ruhigen, stabilen Hände ausstreckt, in denen meine Zeit ruhig liegt.

Was wird aus meiner Zeit? Sie ist aufgehoben im doppelten Sinn: aufbewahrt in einer höheren Ordnung, während gleichzeitig das Verrinnen, die Angst, es könnte vergeblich sein, verschwunden ist. Achtsamkeit also, höchste Konzentration im Augenblick, das ist der Moment, wo die Frage: Was wird aus meiner Zeit?, zur Ruhe gekommen ist und eine heitere Stille zurückbleibt. Solche Konzentration im Augenblick nennen wir Meditation. Ich komme darauf zurück.

Viele Menschen glauben heute, an einem Wendepunkt der Geschichte zu leben. Zwar ist *jede* Zeit geprägt von Kontinuität und Aufbruch, von Trägheit und Bewegung, doch das gegenwärtige Tempo der technologischen, wirtschaftlichen und auch gesellschaftlichen Wandlungsprozesse erzeugt Ohnmacht, das Gefühl von Umbruch und Wandel. Eine Zeitbombe scheint zu ticken.

Wir erleben *Zeitverdichtungen*, die auch die psychischen Muster der meisten Menschen betreffen. Einerseits bedeutet Verdichtung von Zeit, dass wir unter dem Eindruck von Zeitmangel leben, da Zeit unter dem Ansturm von ständig neuen Eindrücken und Anforderungen überfüllt wird. Eine Folge davon ist das Abgleiten in psychische Instabilität oder die Flucht in eine fiktive heile Welt der Vergangenheit, die es so nie gegeben hat. Auf andere Weise aber ist Verdichtung von Zeit die Erfahrung eines konzentrierten, vollkommen gegenwärtigen Bewusstseins. In diesem Sinne verstehe ich Zeitverdichtungen als Möglichkeit, die gestalterische Kraft des Geistes intensiver zu entdecken, wodurch eine neue Freiheit des Handelns in den Blick kommt, nämlich ein Freiwerden von so genannten Sachzwängen und ein Freisein zum Lebensaugenblick. Voraussetzung dafür ist, dass in einer achtsamen Hinwendung des Geistes auf sich selbst die Konzentration erreicht wird, in der Vergangenheit und Zukunft im Augenblick der Gegenwart verdichtet werden. Denn nur die Gegenwart *ist*, in ihr leben wir.

Die Gegenwart aber ist uns unheimlich. Sie scheint undurchschaubar zu sein und bedrohlich. Viele Menschen reagieren darauf mit Depressionen oder Flucht – Flucht in die Vergangenheit oder in die Zukunft. Flucht in die Vergangenheit ist ein altes Mittel, der Gegenwart auszuweichen: die »gute alte Zeit« wird beschworen oder wir träumen uns in Kindheitsmuster, die vergoldet erscheinen als Raum der Freiheit, als das Leben noch einfach und überschaubar war, aber vor allem: als wir noch Zeit hatten. Auch angesichts der sozialen Konflikte in unseren Gesellschaften gehen wir gern den Weg ins Gestern und konstruieren ein reines Christentum, einen reinen Islam, einen reinen Glauben, den es so nie gegeben hat. Man nennt dies oft Fundamentalismus. Er kommt in uns selbst, in den Familien, in großen sozialen und religiösen Bewegungen vor: die Verweigerung, den Wandel des Lebens zu akzeptieren, weil man die Gegenwart nicht bewältigen kann.

Die andere Möglichkeit ist die Flucht in die Zukunft: Wir träumen uns in ein utopisches Paradies, eine Zeit nach der Zeit, die Zeit des Ruhestands vielleicht, in der wir nach einem gestressten Berufsleben endlich musse zu finden hoffen, die Bücher zu lesen, die schon seit Jahren in den Regalen verstauben, die Reisen zu machen, zu denen wir jetzt nicht kommen, die alten Freundschaften endlich zu pflegen, die jetzt zwischen den Einträgen in den Terminkalendern hängen bleiben. Oder eine Zukunft, in der es keine Kriege mehr gibt, die klassenlose Gesellschaft eines Karl Marx oder das Paradies eines messianischen

Zeitalters. »Wir sollen jetzt auf Erden schon das Himmelreich errichten«, dichtet Heinrich Heine aus Verzweiflung an der Gegenwart. Millionen Menschen wurden geopfert, um das Tausendjährige Reich oder die klassenlose kommunistische Gesellschaft zu verwirklichen. Resultat: Zerstörung, Hass, mehr Ungerechtigkeit denn zuvor. Das alles, weil wir die Gegenwart nicht ertragen können.

Was aber ist eigentlich Zeit? Der Kirchenvater und Philosoph Augustinus hat wie kaum ein anderer in der Spätantike die Unlösbarkeit des Rätsels der Zeit empfunden und diesem Erstaunen Ausdruck verleihen können. Im 10. und 11. Kapitel seiner *Confessiones* beschreibt er zunächst Funktion und Wesen des Gedächtnisses, woraus sich die Frage nach dem Wesen der Zeitmodi ergibt. Zeit ist für ihn eine messbare Ausdehnung. Aber Ausdehnung wovon? Er kommt zu dem Ergebnis, dass die geschöpflichen Dinge dem wahrnehmenden Bewusstsein als vergangene, gegenwärtige und zukünftige erscheinen.[1] Augustin schreibt also die Zeit dem erkennenden Bewusstsein zu, das in der *memoria* – dem Gedächtnis – nun aber die Gleichzeitigkeit der Zeitmodi, also Vergangenheit, Gegenwart und Zukunft, erfahren kann. Außerhalb der *memoria* des Menschen ist nur das jeweilige Jetzt.[2]

Nicht nur bei den Griechen war die Zeit ein mythisches Monster, nämlich Kronos, der seine Kinder erzeugt und verschlingt. Mahakàla ist ein Gegenbeispiel aus dem indischen Mythos, der bis in das tantrische buddhistische *kalacakra*-System gewirkt hat. Im indischen Brahma-vaivarta-puràna (IV, 30, 45) betet der Dichter zu Gott:

> *Von allen Maßen bist Du die Zeit. Du bist der Herr der Zeit, der Ursprung der Zeit. Du bist jenseits von Zeit und wohnst doch in der Zeit.*

Am Beginn der abendländischen Philosophie steht die Debatte zwischen Heraklit, der in Bewegung und Werden das ursprüngliche Wesen der Wirklichkeit zu erkennen meinte, und Parmenides und Zeno, die das Sein und die Permanenz jenseits zeitlichen Wandels für allein wirklich hielten. Plato vermittelte zwischen beiden, indem er das Universum in einen zeitlichen und einen überzeitlichen Bereich aufteilte, wobei ihm die zeitliche Wirklichkeit das »bewegte Bild« der ewigen

Formen war.[3] Sie verhalten sich zueinander wie das Spiegelbild zum Urbild. Alle über den Neuplatonismus in Europa vermittelten mystischen Traditionen gehen auf diese Unterscheidung zurück und verbinden die *zeitlose Wahrheit* der Idee mit einer ganz besonderen Bewusstseinserfahrung.

Zeiterfahrung ist abhängig von der Umwelt des Erfahrenden sowie vom Zustand des wahrnehmenden Bewusstseins, wie nicht nur Piagets Untersuchungen an Kindern gezeigt haben, sondern die allgemeine Erfahrung, das Traumerleben und der interkulturelle Vergleich belegen. Zeiterfahrung aber ist individuell verschieden: nicht nur, dass das Kind das Tempo der Zeit ganz anders erfährt als der alte Mensch – die Tage und Jahre erscheinen dem Kind viel länger als älteren Menschen – sondern auch die soziale Umgebung sowie das psychische Befinden sind Faktoren, die Zeiterfahrung beeinflussen – dem Glücklichen schlägt keine Stunde, so heißt es. Hingegen scheint die Zeit nicht vergehen zu wollen, wenn wir ungeduldig warten.

Auch Herder wusste, dass ein jedes Ding seine eigene Zeit hat, sodass es im Universum zu einer Zeit unzählbare Zeiten gibt. Zeitbestimmungen sind demnach zwar von der Natur her bedingt, müssen aber als spezifisch geschichtlich definiert betrachtet werden.[4] Durch die »Verzeitlichung der Geschichte« während der letzten dreihundert Jahre erscheint Zeit in sich ganz anderes strukturiert als etwa im europäischen Mittelalter. Der Grund ist eine Beschleunigung bzw. Verzögerung der historischen Prozesse. Zeit also ist auch hier relativ, abhängig von einem kulturell geprägten Bewusstseinszustand, der geschichtlicher Veränderung unterliegt. Wir können diese Veänderungen auch an unseren Zukunftshoffnungen und Utopien erkennen. In der europäischen Geschichte kann man von einer »Futurisierung der Utopie« sprechen. War bis zur Renaissance die Utopie tatsächlich räumlich gedacht, d.h. die ideale Welt ein räumlich zwar fernes, aber doch im Raum angesiedeltes Elysium gewesen – und die Vergleiche zum zentralasiatischen Shambhala oder dem buddhistischen Reinen Land im Westen drängen sich auf –, so wurde mit der geographischen Eroberung des Raumes und der Schwärzung aller weißen Flecken auf der Landkarte die Utopie verzeitlicht, d.h. in eine Zukunft verlegt, die grundsätzlich überall möglich werden konnte, wenn sich der Mensch von diesen Bildern der Zukunft motivieren lassen würde und die Gegenwart nur entsprechend verändern wollte. Genau dies ist seit der Neuzeit unter dem ständigen Druck der Beschleunigung von Zeit geschehen. Es ist der Mythos vom Fortschritt, den wir selbst gestalten. Europa und Amerika haben damit die Welt erobert. Aber heute erkennen wir: Die Sache hat eine Kehrseite. Wir könnten uns und die Welt damit zerstören.

Deshalb rufen Philosophen, Mystiker, Künstler, Wissenschaftler, viele Menschen aus allen Kulturen zu einem nachhaltigen Bewusstseinswandel auf, damit aus unserer Zeit nichts Böses wird. Das ist nicht ganz neu. Denn die Mystiker aus vielen Religionen haben schon seit Jahrtausenden erkannt: Die Verwirklichung unserer Hoffnungen und Utopien ist weder die Überbrückung von räumlicher noch zeitlicher Distanz, sondern die Erfahrung eines anderen Bewusstseinszustandes, der zu jeder Zeit und überall möglich ist. Mystiker sprechen von der Erfahrung zeitloser Gleichzeitigkeit. Zeit ist gleichsam verschwunden und das Bewusstsein ist ganz erfüllt von einem ewigen Jetzt, wie der mittelalterliche christliche Mystiker und Philosoph Meister Eckhart es ausdrückt. Aber wie ist das möglich?

Ich möchte dafür zunächst einige Beispiele aus den indischen Kulturen anführen und einen Mythos aus dem Matsya Puràna nacherzählen:[5]

Der Weise Narada, ein Sohn des Schöpfergottes Brahma, wollte einst von dem höchsten Gott Vishnu, der das Universum in Gang hält, das Geheimnis seiner Schöpferkraft, die alle Welten und Zeiten hervorbringt, erfahren. Der Gott befahl ihm, in einen magischen See zu springen. Als er im Begriff war aufzutauchen, war er die Prinzessin Sushila von Benares. Er/sie heiratete den Prinzen des benachbarten Königreiches, als die Zeit gekommen war, und als Sushilas Gemahl den Thron bestieg, wurde sie Königin, hatte viele Kinder und Enkelkinder und war glücklich. Jedoch, es kam zu Wirren und politischen Konflikten zwischen den Reichen ihres Vaters und ihres Mannes, schließlich zum Krieg, in dem ihr Vater, ihr Gemahl, ihre Söhne und alle Verwandten getötet wurden. Verzweifelt musste sie selbst die Verbrennungsfeuer für die Toten anzünden – das mächtige Feuer verwandelte sich langsam in einen kühlen Wind, aus dem sich wiederum ein See verdichtete, und Sushila fand sich als der Weise Narada wieder, den Vishnu an der Hand hielt, um ihn aus dem Wasser zu ziehen. Das Schauspiel hatte nur so lange gedauert, wie ein Körper braucht, um nach einem leichten Sprung wieder aus dem Wasser aufzutauchen.

Der Mythos ist immer weiter ausgeschmückt worden. Die Expansion und Kontraktion eines ganzen Universums dauert nur ein Augenzwinkern des Schöpfergottes Brahma, der in einem Lotos sitzt, der aus dem Nabel des schlafenden Gottes Vishnu emporgewachsen ist, der auf der Schlange Shesha am Grund des Weltenozeans schläft und die Welt in rhythmischem Atmen träumt. Was uns als zeitliches Nacheinander vorkommt, erscheint von einer höheren, göttlichen Bewusstseinsebene aus als Gleichzeitigkeit; ein Motiv, das in vielen Religionen anzutreffen ist – »tausend Jahre sind vor Dir wie der Tag, der gestern vergangen ist«, heißt es im Psalm. (Ps 90,4).

Von wenigen Ausnahmen abgesehen sucht das indische Denken das Eine und Unwandelbare, das jeder Zeit gleichzeitig Gegenwärtige in oder hinter den Erscheinungen der Zeit. Was die Vorsokratiker – sichtbar in der Differenz zwischen Heraklit und Parmenides – als Widerspruch empfanden, kann man in Indien als zwei Aspekte desselben verstehen. Indien hat kaum Interesse an Geschichtsschreibung entwickelt, und wenn doch, so diente der Geschichtsverlauf nur als Vordergrund für die Darstellung der ewig-gleichen Gesetzlichkeit. So spricht etwa die buddhistische Tradition durchaus von der Lebensgeschichte des historischen Buddha, die sich sukzessive in den Kulminationspunkten der Geburt in Lumbini, der Erleuchtung in Gaya und dem Eintritt ins *parinirvana* in Kushinagara entfaltet. Aber das in südasiatischen Ländern gefeierte Vesak-Fest im Mai zelebriert alle diese Ereignisse in zeitloser Gleichzeitigkeit. Denn die Erscheinung des Buddha ist nicht durch einen quantiativ feststellbaren Zeitpunkt gekennzeichnet, sondern durch eine qualitative Heilszeit, die ein immer und überall erreichbares Bewusstseinspotential vergegenwärtigt.

Dieses Potenzial wird oft als mystisches Bewusstsein bezeichnet. Mystische Ekstasen sind allerdings vielgestaltig. Gemeinsam ist ihnen jedoch die vollkommene Vereinheitlichung des Bewusstseins sowie eine gesteigerte Wahrnehmungsintensität, wie schon Evelyn Underhill hervorgehoben hat. Sie schreibt:

> *»In diesem Erleben sind die Sondertätigkeiten des Denkens und Fühlens, des Bewußtseins vom eigenen Ich, von Raum und Zeit – von allem, was zu der Welt des Werdens gehört, und von dem Platz, den das Ich darin einnimmt – aufgehoben.«*[6]

Das Ich als perspektivischer Ausgangspunkt für die Wahrnehmung des Raumes wie auch des fixierten Maßstabes, an dem die Zeit vorbeifließt, wird in der mystischen Erfahrung in einen universalen Horizont der Gleichzeitigkeit eingeschmolzen. Im Zen-Buddhismus beschreibt der große japanische Philosoph Dogen im 13. Jh. seine außerordentliche Erfahrung mit den Worten »Körper und Geist sind ausgefallen«. Neuere Berichte über solche Zen-Erfahrungen variieren, aber immer ist der Zusammenfall der Gegensätze und das vom Zeitablauf ungehinderte Gegenwärtigsein wichtigster Aspekt der Erfahrung. Hier einige Beispiele dieses Erleuchtungs-Ereignisses aus jüngster Zeit:

- Bewusstsein, Berge und Flüsse werden vollkommen eins[7];
- Ich und Universum verschwinden, da ist nur noch der eine Klang, vollkommene Freiheit ohne jede Begrenzung[8];
- »Nichts ist, absolut nichts – ich bin alles und alles ist Nichts ... es war immer bei mir, und doch habe ich fünf Jahre gebraucht, um es zu sehen.«[9]

Ein gutes Bespiel für die mystische Zeiterfahrung im Christentum gibt *Jan van Ruysbroeck* im 14. Jahrhundert. Ruysbroeck war ein sehr genauer Beobachter seiner mystischen Bewusstseinszustände und scharfsinniger Interpret derselben. Ich möchte aus seinem Werk »Die Zierde der geistlichen Hochzeit« nur eine Passage zitieren, die typisch die

Zeiterfahrung in der mystischen Schau thematisiert.[10] Er spricht von der ewigen Ankunft des Seelenbräutigams, die er als »neue Geburt« und »unablässiges Erleuchtetsein« begreift. Jenseits des gewöhnlichen Handelns ist dies ein »ewiges Schauen und Hinstarren« auf das Licht, in dem sich Gott jenseits der Vermittlung durch Geschöpfliches selbst auswirkt. Dieses Erlebnis ereignet sich plötzlich und ist so unmittelbar-unvergleichlich, »als wäre er vorher noch niemals gekommen«.

> *»Denn sein Kommen besteht, der Zeit enthoben, in einem ewigen Nun, welches immerdar mit neuer Lust und mit neuer Freude empfangen wird. Sehet, die Wonne und die Freude, welche dieser Bräutigam mit dieser Ankunft bringt, die ist unversieglich und unermeßlich, denn sie ist er selber. Und darum sind die Augen des Geistes, mit denen er seinen Bräutigam schaut und anstarrt, derart weit aufgeschlagen, dass sie sich nimmermehr schließen. Denn das Starren und Schauen richtet sich ewig auf die verborgene Offenbarung Gottes. Und das Begreifen des Geistes ist so weit geöffnet nach dem Kommen des Bräutigams hin, dass der Geist selber zu der Weite geworden ist, die er begreift. Und derart wird Gott durch Gott gesehen und begriffen, und hierin liegt alle unsere Seligkeit.«*

Ruysbroeck sagt, dass die Zeitlichkeit des Menschen gleich sei mit seinem Ewigen Wesen, das wiederum mit dem göttlichen Wesen und Leben eins ist. In der Heiligen Dreifaltigkeit, so Ruysbroeck, schaut »Gott sich selber und alle Dinge in einem ewigen Nun, ohne Vor und Nach« in einer zeit-ewigen Liebesumarmung, voller Genießen und dennoch formlos. In der mystischen Erfahrung gewinnt der Mensch an diesem Schauen Gottes Anteil. Ruysbroeck fährt fort:

> *»Aber wo man diese Wunder versteht und erfühlt, ohne sich zu verwundern, da ist der Geist jenseits seiner selbst und ist eins mit dem Geist Gottes und empfindet und sieht, maßlos gleichwie Gott, den Reichtum, der er selber in der Einheit des lebenden Grundes ist, allwo er sich nach der Weise seiner Ungeschaffenheit besitzt.«*

Wir können aus diesem Text vier Aspekte oder Merkmale der mystischen Erfahrung erkennen:

1. Es handelt sich um eine Erfahrung der Zeitlosigkeit, die in sich allerdings Erlebnisqualität hat.
2. Die Erfahrung ist verbunden mit dem Gefühl ekstatischer Freude.
3. Das begreifende Bewusstsein selbst wird zu der Weite, die es begreift, d.h. Subjekt und Objekt des Erkenntnisvorgangs sind in einer geistigen Präsenz verschmolzen.
4. Es handelt sich um eine »Schau der verborgenen Offenbarung Gottes«. Dieses Paradox ist unauflösbar, denn die mystische Erfahrung verweist auf einen Grund, indem die zeitlichen Unterschiede gleichzeitig gegenwärtig sind. Für Gott, so sagt später Luther über diese mystische Zeiteinheit, ist das heilsgeschichtliche Nacheinander ewige Gegenwart, d.h. für Gott ist der Jüngste Tag am Ende der Zeiten schon geschehen, für unsere zeitliche Wahrnehmung steht die Vollendung hingegen noch aus.[11] Der Mystiker hingegen schaut, mit dem Auge Gottes, die zeitewige Gleichzeitigkeit.

Ruysbroeck fasst diesen Sachverhalt am Ende seines Buches von der geistlichen Hochzeit in ein grandioses Bild:

> *»Denn in diesem grundlosen Strudel der Einheitlichkeit werden alle Dinge von genießender Seligkeit gepackt. Der Grund aber bleibt gänzlich unbegriffen, man begreife ihn denn mit der wesentlichen Einheit selber. Vor ihm müssen die Personen und alles, was in Gott lebt, zergehen; denn hier herrscht nichts anderes als ein ewiges Ruhen in der genießenden Umarmung liebenden Hinschmelzens ... es ist die dunkle Stille, darin alle Liebenden sind verloren.«*

Hat unsere Zeiterfahrung mit diesen mystischen Höhenflügen auch nur das Geringste gemeinsam? Unsere Zeit ist gekennzeichnet vom Stress. Alles wird beschleunigt und Geschwindigkeit ist zu einer Tugend geworden. Während bei der Erfindung der Eisenbahn im 19. Jahrhundert diskutiert wurde, ob nicht das Tempo von 30 bis 40 Stundenkilometern für den Menschen unzuträglich sei, können wir über solche naiven Bedenken nur lächeln. Wer keinen überfüllten Terminkalender hat, wird nicht ernst genommen. Wer Zeit hat, ist entweder ein Faulpelz oder sozial gestört. Streß macht zwar – die Mediziner wissen es – krank und führt fast zwangsläufig zum Infarkt, aber genau das verschafft uns Achtung und Ansehen. Was ist nur aus unserer Zeit geworden! Der Schweizer Kulturphilosph Jean Gebser formulierte schon in den 40er Jahren des vorigen Jahrhunderts: Der Ausruf »Ich habe keine Zeit« zieht unweigerlich die Erfahrung nach sich: »Ich habe keine Seele«. Und das sei gleichbedeutend mit der schmerzlichen Erkenntnis: »Ich habe kein Leben.« Wie können wir diesem Teufelskreis entkommen? Durch Bewusstseinsbildung, also durch Achtsamkeit und Meditation.

Die Übung von Achtsamkeit und Konzentration kann, muss aber nicht als formale Meditationsübung aufgefasst werden. Meditationsübungen kennen wir aus allen Kulturen, und sicherlich hilft das Meditieren in einer Übungstradition, die sich seit Jahrhunderten bewährt hat. Aber manche Menschen haben dazu aus unterschiedlichen Gründen vielleicht keinen Zugang. Für sie ist es sinnvoll, innezuhalten, die Natur und ein Kunstwerk zu betrachten oder bei den alltäglichen Verrichtungen genau wahrzunehmen, was man eigentlich tut. Dabei ist es wichtig, alle Sinne zu erproben und zu sammeln, also etwa den Klang eines rauschenden Bachs in allen Details zu vernehmen, sodann das Bild des fließenden Wassers einzuprägen, die Augen zu schließen und das Bild im Innern wieder entstehen zu lassen, die Augen wieder zu öffnen und das innere Bild mit dem äußeren zu vergleichen usw. Der Geruch und der Geschmack des Wassers können daraufhin ebenso wie die Berührung mit den Händen und dem Mund genau wahrgenommen werden. Meditation ist Übung der Wahrnehmungsfähigkeit.

Achtsamkeits- oder Meditationsübungen haben verschiedene Wirkungen. Achtsamkeit erzeugt

– Langsamkeit und Genauigkeit bzw. die Fähigkeit, bei einer Sache und im gegenwärtigen Augenblick zu verweilen. Dies fördert die Intensität der Wahrnehmungen einschließlich des Genusses. Damit wird die Gier nach ständiger Reizstimulation ganz natürlich vermindert, was wiederum den Verbrauch von immer neuen Ressourcen (Personen, Beziehungen, Dingen) minimiert, d.h. der Augenblick oder dieses eine Erlebnis kann wirklich ausgekostet werden. Statt Quantität lernen wir, Qualität zu erleben. Das wiederum hat unmittelbar zur Folge, dass wir uns selbst intensiver spüren, ganz dabei sind und das Gefühl bekommen, selbst zu leben und nicht gelebt bzw. von außen gesteuert zu werden. Wir lernen zu genießen.

- Eine solche Haltung ist allmählich erlernbar, und sie schafft Selbstvertrauen und Gewißheit, im Jetzt[12] wirklich zu Hause zu sein. Wir sind dann nicht ständig auf der Flucht vor dem ungelebten Leben, das wir in uns ahnen, und wir lernen Geduld.
- Wenn wir nicht mehr vor dem Leben und uns selbst davonlaufen, können wir Angst und das Anhaften an Vergangenem, von dem wir Sicherheit erwarten, vertrauensvoll loslassen.
- Wenn Angst wirklich reduziert (oder ertragen) wird, folgt daraus eine Verminderung von destuktiven Gedanken und Gewalt.
- Wenn Gewalt, in welcher Form auch immer, vermindert wird, können wir begründete Hoffnung haben.

Dieser Bewusstseins-Bildungsprozess kann sich nun allerdings gerade nicht im gewohnten Paradigma des technologisch Machbaren, also schnell, sofort, als »Instant-Erleuchtung« vollziehen, sondern, traditionell gesprochen, nur durch das geduldige Annehmen von Sterben und Wiedergeburt, d.h. von kreativem Neuwerden, und zwar auf allen Ebenen menschlicher Beziehungen: zu sich selbst, im engeren zwischenmenschlichen Bereich, gesellschaftlich und global. Die Schönheit des Neuwerdens zu genießen bedeutet, verfestigte Seh- und Lebensgewohnheiten loszulassen. Die Gewissheit liegt im Geschenk des sich bewegenden Lebens selbst, nicht in der Sicherheit, die wir vergeblich durch Anklammern an Gewohntem und Verbrauchtem suchen. Worauf es ankommt, ist die Achtsamkeit im Hier und Jetzt.

1 Für eine Kritik seiner Auffassung, dass kein ausgedehntes Ereignis gegenwärtig sein kann, weil es in jedem Augenblick zugleich seine Vergangenheit und Gegenwart ist, vgl. A. Loizou, The Reality of Time, (Gower) Aldershot,1986,45ff.

2 Augustinus, Confessiones 11,14, 17 ff., zit. nach F.Kümmel, Über den Begriff der Zeit, Tübingen 1962, 23ff.

3 Plato, Timaios, 17

4 Koselleck, aaO, 11

5 Vgl. H.Zimmer, Myths and Symbols in Indian Art and Civilization, Princeton Univ. Press 1974, 27ff.

6 E. Underhill, Mystik. Entwicklung des religiösen Bewußtseins im Menschen, Bietigheim: Turm 1928, 476

7 Ph. Kapleau, The Three Pillars of Zen, Boston: Beacon 1965, 205

8 Kapleau, aaO, 207

9 Kapleau, aaO, 228

10 J.v. Ruisbroeck, Die Zierde der geistlichen Hochzeit und die kleineren Schriften. Herausgegeben von F.M.Huebner, Leipzig: Insel 1924, 384ff. (Zierde III,3f.)

11 Luther, WA 45, 175, 1ff. (Rörer 1537). Vgl. M.v.Brück, Einheit der Wirklichkeit, München: Kaiser 1986, 103, dort weitere Belegstellen.

12 Dieses Jetzt hat eine Ausdehnung, die an unserer Wahrnehmungsgeschwindigkeit hängt. Eva Ruhnau, Zeit als Maß von Gegenwart, in: K.Weis (Hg.), Was ist Zeit? Teil Zwei, München: Akad. Verlag 1996 (Faktum Bd. 12), 63ff. Danach dauert die Verarbeitung und Koordinierung von Eindrücken, die als gleichzeitig empfunden werden, ca. 3 Sekunden. Dieses Zeitfenster der Gegenwart ist das, was man als Jetzt erlebt.

Wie können meine Wunden heilen?

Daniela Tausch

Einbrüche in unserem Leben, wie z. B. der Tod eines nahen Angehörigen, der Verlust der Arbeit, Trennung vom Partner oder eine eigene schwere Erkrankung werfen uns in Krisen, in denen wir das Gefühl haben, »die Welt müsste stillstehen«. In diesen Situationen können wir uns nicht vorstellen, je wieder glücklich zu sein. Wir fühlen uns zutiefst verwundet und verletzt. So sagt eine Frau: »*Meine Tochter ist vor einem Monat durch einen Autounfall gestorben. In einigen Wochen hätte sie die Schule beendet – und nun? Ich kann es gar nicht fassen, die ganze Welt müßte doch aufschreien. Wie kann ich denn ohne sie weiterleben? Sie ist doch ein Teil von mir gewesen. Ich habe so eine Sehnsucht nach ihr. Die Vorstellung sie nie, nie wieder zu sehen, zerreißt mir das Herz. Der Gedanke noch jahrelang ohne sie weiterleben zu müssen, ist unerträglich für mich. Ich will selbst nicht mehr, alles erscheint mir so leer und sinnlos. Ich möchte die Zeit am liebsten zurückdrehen. Warum nur ist sie gerade zu dieser Zeit an dieser Stelle gewesen? Warum ist sie nicht einen anderen Weg gefahren?*«

Am Anfang wehrt sich alles in uns gegen das Geschehen, wir wollen es nicht glauben, hoffen aus diesem Alptraum endlich aufzuwachen. Wir wollen, dass alles wieder so ist wie vorher.

Wir fühlen uns dem Geschehen ausgeliefert und als Opfer.

Eine andere junge Frau, Mutter eines fünfjährigen Sohnes, die von ihrem Mann verlassen worden ist: »*Ich fühle mich so verletzt und entwertet. Jetzt hat er sich eine andere Frau genommen, ohne Kind, ohne Belastungen, die vielleicht schöner ist oder mit der es leichter ist. Ich bin so wütend und mich lässt er jetzt allein mit unserem Sohn. Ich weiß gar nicht, wie ich jetzt alles schaffen soll: Die Arbeit, in der ich auch für andere dasein muss, unser Sohn, der seit der Trennung voller Aggressionen steckt und ich, die ich mich am liebsten in die hinterste Ecke verstecken würde. Ich fühle mich so gedemütigt, so wie weggeworfen, bei den ersten Schwierigkeiten. Ich weiß nicht, ob ich je wieder einem Mann vertrauen kann. Meine ganzen Lebenspläne und Visionen brechen in sich zusammen. Ich sehe gar keinen Sinn mehr in meinem Leben.«*

In großen Lebenskrisen, sei es durch den Verlust eines Menschen oder der eigenen Gesundheit oder weil wir selbst spüren, so wie ich jetzt lebe kann ich nicht weiterleben, schwankt unser ganzes Lebensfundament. Wir wissen nicht mehr weiter, wollen manchmal nicht mehr leben. E ist nicht unbedingt so, dass wir konkret daran denken, wie wir unser Leben beenden könnten, sondern wir haben das Gefühl, dass unsere Lebenskraft nicht mehr ausreicht. Wir haben kaum noch Hoffnung und sehen keinen Weg.

Manchmal kommen diese Krisen und Lebensfragen aus dem Inneren. Da stellen wir dann fest, dass wir zwar unsere Träume verwirklicht haben, vielleicht einen erfolgreichen Beruf und Familie haben. Alles scheint von außen zu stimmen, aber im Inneren fühlen wir uns unglücklich, werden von Angst und Depression geplagt. Wir wissen nicht mehr, wo unser Lebensweg hingehen soll. *»Ich habe immer von dieser Stelle geträumt, aber nun, da ich sie seit zwei Jahren habe, bin ich ganz unglücklich. Das bin irgendwie nicht ich. Ich habe mich als einfache Angestellte viel wohler gefühlt. Jetzt erdrückt mich die Verantwortung, obwohl ich sie ja haben wollte. Ich habe das Gefühl gescheitert zu sein und schäme mich dafür.«* In diesen Zeiten wird spürbar, dass uns die äußeren Werte nicht wirklich nähren.

Auch der Glaube, der uns in kleinen Alltagssituationen geholfen hat und so verlässlich erschien, trägt oft nicht mehr. Da ist die große, verzweifelte und wütende Frage: Gott, wenn es dich gibt, wie konntest du das nur zulassen? Wo bist du? Warum mutest du mir das zu? Ich finde es so ungerecht und ich kann nicht mehr an dich glauben. Oftmals ziehen sich auch Freunde und Bekannte aus Unsicherheit und Hilflosigkeit zurück. Da wechselt die Bekannte vielleicht lieber die Straßenseite, um mir nicht zu begegnen, weil sie nicht wüsste, was sie sagen sollte. Oder die Frau, die ihren Mann verloren hat, wird nicht mehr zu den Feiern eingeladen, weil man nicht weiß, wie man ihr nun begegnen soll. Oder der Arbeitslose wird nicht mehr eingeladen, weil man dann ja nicht mehr über die Arbeit reden kann. Als Betroffener fühlen wir uns dadurch noch einsamer und verzweifelter.

Zunächst scheint uns gar nichts zu helfen, denn das, was uns helfen könnte, wäre, wenn alles wieder wie vorher wäre. Es braucht Zeit, dass unsere Seele die Situation wirklich zulässt und sich damit auseinandersetzen kann. Zuerst geht unser Denken immer wieder in die Richtung: »Warum …?« oder »hätte ich doch nur …« oder »hätte ich doch nur nicht …« Wir versuchen immer wieder in die Zeit zurück zu gehen, wo das Geschehen noch nicht passiert ist. Nur langsam und durch inneres Ringen kann dann die Seele zeitweise das Geschehen zulassen. Langsam begreifen wir, dass es nicht mehr wird wie vorher.

Gerade dieses innere Ringen mit uns, unseren Fragen und Gefühlen ist wichtig, damit die Wunden heilen und vernarben können und etwas Neues wachsen kann.

Schmerzhafte Verlustgefühle brauchen ihren Raum und die Möglichkeit, in ihrer Vielfältigkeit ausgedrückt zu werden: Gefühle von Angst, Zorn, Wut, Trauer und Schmerz. Meist haben wir Angst, in diesen Gefühlen zu versinken und drücken sie weg. Wir fürchten, dass sie uns total überrollen würden und nichts von uns übrig bleiben würde. Darum lassen wir diese Gefühle nicht zu und kämpfen gegen sie und damit gegen uns selbst an. Aber wir verbrauchen sehr viel Kraft für diesen inneren Kampf gegen unsere Gefühle. Dabei ist es umgekehrt: Wenn wir wagen, unsere Wut oder unsere Tränen zuzulassen, können sie sich viel eher verwandeln und wir fühlen uns kräftiger, uns mit unseren Fragen auseinanderzusetzen.

»Als meine Frau sich von mir trennte, brach meine Welt total zusammen. Am Anfang überfielen mich immer wieder die Tränen. Zunächst habe ich dagegen gekämpft, da war die Stimme so stark in mir: ›Ein Mann weint doch nicht‹. Aber dann konnte ich nicht mehr, die Tränen brachen einfach durch. Das war zum Teil fremd und beängstigend, aber ich merkte, wenn ich sie zulasse und weine, dann geht es mir nach einiger Zeit wieder besser. Das hätte ich nie gedacht. Ich hatte immer Angst, wenn ich erst mal anfange zu weinen, dass ich dann gar nicht wieder aufhöre, weil so-

viel Schmerz und Verzweiflung in mir war. Ich hatte auch Angst, dass ich dann ganz zusammenbreche und allen Lebenssinn verliere. Aber es ist anders: wenn ich einige Zeit geweint habe, fühle ich mich hinterher irgendwie ruhiger, irgendwie bei mir angekommen und ich spüre für Momente, dass ich die Situation, dass mich meine Frau verlassen hatte annehmen kann und trotzdem Zuversicht für mein Leben spüre. Ich kann mich dann ganz anders mit den Fragen des Warum auseinandersetzen, also auch nach Anteilen bei mir suchen und nicht alles nur ihr zuschieben.«

Wenn wir unseren Schmerz zulassen, uns hineinfallen lassen, erfahren wir, dass es in der Tiefe von uns einen Teil gibt, der nicht verzweifelt und verletzt ist. Manche haben das Gefühle, bei sich angekommen zu sein, andere empfinden es, als ob sie in sich einen göttlichen Kern spüren, der sie trägt und hält. Sie haben das Gefühl, dass dieser göttliche Kern in ihnen trotz aller Schmerzen heil ist und von ihm Hoffnung und Heilung ausgeht. »*Ich habe in der Zeit viel geweint. Ich hatte das Bild, als ob die Tränen und die Schmerzen Strudel in einem Fluß sind. Wenn ich mich dagegen wehre, verbrauche ich sehr viel Kraft, aber wenn ich mich reinfallen lasse, dann komme ich irgendwann auf dem Boden an, kann mich abstoßen und wieder ans Ufer schwimmen. Es ist für mich so, als ob ich mich in Gottes Hand fallen lasse und dann wieder Kraft spüre weiter zu gehen.«*

Vielleicht können wir in diesen Krisen das Kreuz ganz neu und anders erfahren. Nicht das Kreuz des Leidens, sondern das Kreuz der Heilung. In der Horizontalen können wir unser Geborgen-Sein zwischen Himmel und Erde, in diesem viel Größeren, in dem schöpferischen Ganzen erleben. Wir sind aufgehoben in diesen Polen und fallen nicht ins Bodenlose. In dem vertikalen Balken können wir die heilende Begegnung mit dem Du erleben.

Wir können die Heilung bei so großen Schmerzen nicht nur von außen machen. Das wäre so, als ob wir eine tiefe körperliche Wunde, vielleicht einen Knochenbruch oder eine große Wunde durch ein Pflaster heilen wollten. Bei einer großen Wunde ist nötig, dass wir verstehen, warum der Knochen gebrochen ist. Wir können von außen viel für die Heilungsprozesse tun, damit sie in Gang kommen, aber die Heilung wächst entscheidend von innen.

Manchmal heißt es, den Schmerz, die Verzweiflung, die Trauer zuzulassen, manchmal sind wir aber auch voller Wut und Zorn. Einigen fällt es leichter, die Wut zuzulassen, anderen den Schmerz. Es ist wichtig, dass wir lernen, beide Gefühle zuzulassen. Jeder Gefühlsschub bringt uns ein Stück weiter auf dem Weg, das Geschehen anzunehmen.

»Ich bestehe im Moment nur noch aus Wut und Zorn. Ich schäme mich darüber zu sprechen, weil man als Trauernde ja eigentlich nur traurig sein soll, aber ich bin auch wütend und will es endlich auch mal sagen. Ich bin zornig, dass du dich so einfach aus dem Staub gemacht hast. Mit Deinem Tod hast du meinen ganzen Lebenssinn, alle Zärtlichkeit und Liebe mit dir genommen. Ich bin zornig, du hattest mir versprochen, dass wir zusammen alt werden. Und die vier Kinder wollte ich mit dir und jetzt stehe ich ganz alleine da. Ich finde das hundsgemein, auch wenn ich weiß, dass du für deine Erkrankung und Deinen Tod nichts kannst, finde ich es einfach ganz gemein, dass du nicht mehr da bist.' Und einige Zeit später: Ich hatte eine gute Idee. Ich habe mit den Boxhandschuhen auf den Punchingball der Kinder eingehauen und dabei mit Worten auf dich, auf Gott und auf das Leben geschimpft. Hinterher war ich ganz erschöpft, aber ich habe mich ganz frei und erstaunlicherweise wieder die Liebe zu dir gefühlt und auch so etwas wie Freude und Hoffnung kam in mir auf. Jetzt kann ich das Leben erst mal wieder weiterleben.«

Manchmal fällt es uns schwer, unsere Gefühle zu spüren oder sie ängstigen uns zu sehr und wir wagen nicht, sie auszudrücken, aus Furcht, überwältigt zu werden. Hier kann es uns manchmal helfen, wenn wir anfangen, Tagebuch zu schreiben, uns Zeit und Raum für uns zu nehmen, Musik zu machen oder zu hören oder uns künstlerisch auszudrücken. Das öffnet uns auf eine sehr feine Weise den Zugang zu den Gefühlen. Und den Gefühlen Zeit und Raum zu geben und auch einen Weg zu finden, sie auszudrücken, ist ein wichtiger Schritt auf dem Weg zur Heilung.

Gerade wenn wir fürchten, von den Gefühlen überschwemmt zu werden, ist es hilfreich, wenn wir Freunde um Hilfe bitten. Meist erwarten wir als Betroffene, sie müssten von selber kommen und auch wissen, was wir brauchen. Aber meistens ist es so, dass die anderen sich hilflos und unsicher fühlen. Sicher wird es auch einige geben, die gar nichts mit dieser Situation zu tun haben wollen. Aber meine Erfahrung ist, dass ich mehr Hilfe bekomme, wenn ich darum bitte. Also z.B. sage: »Du, ich bin so traurig, kann ich heute abend zu Dir kommen und traurig sein?« – »Ich möchte heute eine halbe Stunde nur über meine Angst sprechen, das mein Mann auch an dieser Krankheit sterben kann. Könntest du mir zuhören?« Wenn wir niemanden finden, dem wir so offen unsere Gefühle der Angst, der Wut und des Schmerzes zeigen können, ist es eine große Hilfe, sich einer Selbsthilfegruppe oder einer therapeutisch geleiteten Gruppe anzuschließen. Hier gibt es den Raum, offen über seine Gefühle zu sprechen, sie auszudrücken und darin verstanden zu werden.

Gerade die Begegnung mit anderen Menschen, die uns zuhören und verstehen, ist eine wichtige Heilquelle für unsere Verwundungen. Im Gespräch mit ihnen können wir manchmal überhaupt erst die Tiefe der Verletzung zulassen und unsere Gefühle wahrnehmen. Wenn der andere uns nicht beschwichtigt, in dem er sagt: »Es wird alles wieder gut« oder »Mensch, reiß dich doch mehr zusammen, anderen Menschen in anderen Ländern geht es doch viel schlechter«, sondern uns ermutigt, über unsere Verletzung zu reden und wirklich mit dem Herzen zuhört und mitempfindet, vielleicht indem er sagt: »Du kannst ruhig weinen, das ist ja auch kaum zum Aushalten« oder »Du kannst über deine Angst und deine Abgründe ruhig reden.« Oder uns zur Wut ermutigt: »Ich an deiner Stelle hätte eine mörderische Wut und Rebellion in mir.«, dann kann sich unser Herz öffnen und die Gefühle können ins fließen kommen. Es ist für uns hilfreich, wenn der andere uns mit seinen Worten da abholt, wo wir gerade sind: manchmal vielleicht in der Wut, ein anderes Mal im Schmerz oder der Verzweiflung. Fühlen wir uns so wahrgenommen und vor allem mit all dem, was wir empfinden, angenommen, dann kann etwas in uns heilen. Wir müssen dann nicht mehr gegen unsere Gefühle ankämpfen, sondern können uns mit dem Geschehen annehmen. Es ist als ob der andere durch sein Zuhören und sein Mitempfinden unser Mitempfinden für uns selbst öffnet und wir so den göttlichen Kern in uns berühren.

Im offenen Gespräch mit anderen erfahren wir oftmals staunend: Auch die anderen sind verwundet. In unserer Gesellschaft verbergen wir unsere Ängste, unsere Schwächen und Krisen hinter Leistungen oder materiellen Werten, zeigen oftmals eher eine Maske, zeigen uns als einen Mensch, der im Leben zurechtkommt und keine Probleme hat. In einer Gruppe von Menschen oder in einer Freundschaft können wir erfahren, dass der andere auch verwundet ist und uns dadurch mit ihm sehr verbunden und nah fühlen. Wir fühlen uns dann nicht mehr als Außenstehende, was heilend für unsere Wunden ist. Aber oftmals braucht wir den Mut, über unsere Gefühle offen zu reden.

Durch das Gespräch mit dem anderen oder auch durch die eigene innere Auseinandersetzung finden wir die Kraft, uns auch den schmerzlichen Fragen zuwenden. Die Frage des verzweifelten, abwehrenden und hadernden »Warum« kann sich dann in folgende Frage verwandeln: Was kann ich aus diesem Geschehen lernen? Wie kann ich mich verändern, damit das Leben für mich wieder lebenswert ist? Wohin führt mich dieses Ereignis?

Wir verändern somit unsere Blickrichtung. Sie geht langsam weg von dem anderen, der mir das angetan hat, sei es ein anderer Mensch, das Leben oder Gott, hin zu dem Blick auf sich selbst: Was hat das Geschehen mit mir zu tun? Was kann ich dadurch lernen? Wohin will es mich führen? Welche Bereiche von mir soll ich entwickeln? Es ist damit nicht die Suche nach Schuldigen gemeint, sich selbst oder andere Menschen anzuklagen, sondern je nach Krise die Bedingungen des Geschehens zu verstehen. Zum Beispiel zu verstehen, warum unsere Ehe nicht so weiterleben konnte. Vielleicht können wir viele alte Verstrickungen erkennen, verstehen, warum wir uns entfernt haben, warum wir gerade diesen Menschen gewählt haben, vielleicht auch erkennen, warum wir uns so verhalten haben. *»Die Trennung war für mich sehr sehr schmerzlich. Am Anfang fand ich es nur gemein, dass mein Mann mich verlassen hat. Aber nach einiger Zeit habe ich dann erkennen können, dass ich ihn eigentlich nur geheiratet habe, um von zu Hause wegzukommen, aber eigentlich gar nicht ihn, als Person gesehen habe.«* Oder wir beginnen zu verstehen, warum wir von diesem Beruf geträumt haben, aber warum wir uns jetzt nicht wohl fühlen. Vielleicht haben wir die Erwartungen anderer gelebt, aber erkennen jetzt, das wir selbst eigentlich etwas ganz anderes wollen. Häufig heißt dies auch, sich mit seiner Lebensgeschichte, mit seinen eigenen Prägungen auseinanderzusetzen und diese für sich noch einmal neu zu hinterfragen.

Stößt das Ereignis von außen auf uns zu, z.B. durch den Tod des Partners oder eine eigene schwere Erkrankung, geht die Suche danach, was wir nun durch die Krankheit lernen, welche neuen Lebensbereiche erschlossen werden können. Andre Gide sagt: Ich glaube, dass Krankheiten Schlüssel sind, die uns gewisse Tore öffnen können. Vielleicht haben wir uns viel zu sehr der Leistung zu gewandt, wollten immer perfekt und erfolgreich sein und erkennen nun, dass wir mehr Wert auf unser Sein, auf Freundschaften, auf die Natur legen möchten, das uns dies tief erfüllt. Eine Krebspatientin sagt: *»Ich habe lange Zeit gegen den Krebs gekämpft, aber dann habe ich erkannt, dass es nichts nützt* gegen *die Krankheit zu leben, sondern* mit ihr. *Sie begleitet mich und hat mein Leben sehr verändert. Inzwischen kann ich dem zustimmen: Ich habe mich früher nur über mein Tun definiert, viel gearbeitet und bin sehr fleißig gewesen. Jetzt gönne ich mir immer wieder Pausen zwischendurch, ganz für mich allein, um mich zu erholen und mir selbst nahe zu sein. Und dann spüre ich: Ich bin wertvoll, auch wenn ich nicht arbeite oder etwas ›sinnvolles‹ tue. Und das ist für mich ein Geschenk. Aber das größte Geschenk, war für mich zu erfahren, dass ich auch geliebt werde, wenn ich schwach und hilfsbedürftig bin. Und ich konnte die Fürsorge meines Mannes annehmen. Seitdem kann ich auch anderen gegenüber viel mehr Schwäche zeigen und erfahre mehr intensive Nähe mit anderen. Früher habe ich mich durch das Tun auch immer distanziert. Jetzt ist da nichts mehr zwischen uns und das ist bereichernd.«*

Durch die Auseinandersetzung mit uns selbst treten wir in eine andere Beziehung zu dem Geschehen. Wir sind nicht mehr nur gelähmt, sondern fangen an, die Krise anders zu bewerten. Das Geschehen wird nicht mehr nur bekämpft, als ein großer Feind in unserem Leben gesehen, sondern langsam erleben wir das Ereignis als zu unserem Leben dazu gehörend. Wir sind nicht mehr nur das Opfer, dem dieses Schreckliche zugestoßen ist, sondern können wieder Verantwortung für uns übernehmen. Und zwar Verantwortung dafür, wie wir mit dem Geschehen umgehen wollen. Wir können durch unsere innere Auseinandersetzung entscheiden, wo unser Weg weiter geht: ob wir resignieren, uns vor dem Leben verschließen oder ob wir uns wieder neu öffnen, bereichert um das, was wir durch die Verletzung gelernt haben und neue Türen erkennen und öffnen, die uns vorher nicht sichtbar waren.

Dieser Weg wieder hin zum Leben ist oftmals unendlich anstrengend und wir haben zwischendurch das Gefühl, überhaupt nicht weiterzukommen. Da haben wir den Eindruck als ob wir zwei Schritte vor und drei wieder zurückfallen, als ob der neu gewonnene Boden immer wieder unter unseren Füßen zerrinnt und wir gar nicht vorwärtskommen. Aber wir kommen weiter auf diesem Weg, denn die Strudel werden mit der Zeit weniger tief und reißend und die Abstände werden auch länger.

Es ist wichtig, dass wir in dieser Zeit gut für uns sorgen, uns liebevoll umsorgen, indem wir uns verwöhnen und fragen, was uns jetzt wirklich gut tut: vielleicht eine warme Badewanne, ein Spaziergang in der Natur, Musik hören oder vielleicht auch Ablenkung, indem wir ins Kino oder auf eine Feier gehen. Es ist heilend zwischendurch zu spüren, dass wir mehr sind, als nur dieser verwundetet Teil. Wir erfahren dann: Ich bin verwundet, aber ich bin noch viel mehr als diese Wunde. In mir ist noch viel mehr: Freude, Lebendigkeit, Lachen. Gerade wenn uns die Wunden der Vergangenheit zu verschlingen drohen, ist das Hier und Jetzt eine große Hilfe: Hier und jetzt den Baum riechen und sich davon, die Vögel singen zu hören, erfüllen zu lassen. Auch das gibt uns das Gefühl, ein Teil dieser großen wunderbaren Schöpfung zu sein und uns mit ihr verbunden zu fühlen.

Aus diesem Suchen und Annehmen, wenn die Verletzung nicht mehr weh tut, wächst nach einiger Zeit der Wunsch nach Vergebung. Dies ist nicht ein billiges und schnelles Vergessen, sondern ein tiefes Verstehen und Annehmen, warum der andere so gehandelt hat. Wir erkennen seine Geschichte, aber auch unsere Beteiligung an dem Geschehen, wie sehr wir miteinander verwickelt waren. Das heißt nicht, dass wir die

Tat gutheißen, aber wir können den Menschen und seine Bedingungen hinter seiner Handlung verstehen und ihm daraus vergeben.

Uns selbst zu vergeben ist manchmal noch schwieriger, uns selbst gegenüber barmherzig zu sein und zu uns zu sagen: »Ja, ich kann verstehen, dass ich damals so und so gehandelt habe. Ich würde es mir im nachhinein wünschen, dass ich mich anders verhalten hätte, aber ich kann auch sehen, dass ich damals auf Grund meiner Geschichte gar nicht anders konnte. Ich verzeihe mir dafür und wünsche mir, das nächste Mal anders zu handeln.«

Können unsere Wunden überhaupt heilen? Der Tatsache, die Verletzung, das Scheitern bleibt bestehen, aber durch die Auseinandersetzung damit verändern sich unsere Gefühle und Gedanken hinsichtlich des Geschehens. Heilung bedeutet nicht, wir werden so wie vorher, das geht nicht, sondern in dem Prozess lernen wir die Veränderung anzunehmen, zunächst schmerzhaft Abschied zu nehmen von einem Menschen, von Lebensträumen, von der Gesundheit und manchmal sogar vom eigenen Leben. Heilung bedeutet: Ja, ich habe eine Narbe von der Verletzung und vom Leben. Manche Narben tun auch noch in bestimmten Zeiten weh, aber sie gehören zu meinem Leben und ich habe viel Neues daraus gelernt. Heilung geschieht, indem der Verlust angenommen werden kann und aus der Verwundung Neues wächst.

Fragt man Menschen, wodurch sie sich am meisten verändert hätten, so sagen sie, durch Krisen und Einbrüche im Leben. Wenn wir uns selber in einer Krise befinden, wollen und können wir dies nicht glauben, aber einige Zeit später können wir der Erfahrung oft zustimmen. *»Wenn mein Mann sich damals nicht von mir getrennt hätte, wäre ich eine angepasste Hausfrau und Mutter geblieben. Ich habe mich damals mit all meinen Interessen ganz nach ihm gerichtet. Als er sich dann trennte, habe ich mich wie ein Nichts gefühlt. Es waren zwei sehr anstrengende Jahre, nach der Trennung, aber heute spüre ich, dass ich so eine Fülle und einen Reichtum auch in mir selber habe. Ich fühle mich viel freier und vollständiger in mir selber. Und die Beziehung zu meinem jetzigen Freund ist ganz anders. Wir sind in manchen Momenten ganz nah, aber dann sind wir auch wieder zwei ganz eigenständige Persön-*

lichkeiten, die sich gegenseitig bereichern können, aber auch ihr ganz eigenes Leben haben. Ich habe jetzt sehr viel Freude daran. Früher in der Ehe, war ich immer eher ein bisschen depressiv, aber heute freue ich mich auf das was noch in meinem Leben geschehen wird.«

Durch eine Krise verlieren wir unendlich viel, aber wenn wir uns wieder neu öffnen, können wir auch wieder sehr viel dazu gewinnen.

Bitte

Wir werden eingetaucht
Und mit dem Wasser der Sintflut gewaschen,
wir werden durchnäßt
bis auf die Herzhaut

Der Wunsch nach der Landschaft
Diesseits der Tränengrenze taugt nicht,
der Wunsch, den Blütenfrühling zu halten,
der Wunsch, verschont zu bleiben,
taugt nicht.

Es taugt die Bitte,
dass bei Sonnenaufgang die Taube
den Zweig vom Ölbaum bringe.
dass die Frucht so bunt wie die Blüte sei,
dass noch die Blätter der Rose am Boden
eine leuchtende Krone bilden.

Und dass wir aus der Flut,
dass wir aus der Löwengrube und dem feurigen Ofen
immer versehrter und immer heiler
stets von neuem zu uns selbst entlassen werden.

Hilde Domin

Literatur

Tausch-Flammer, D. u. Bickel, L.: In meinem Herzen die Trauer. Herder Verlag, Freiburg

Wer hilft mir in meiner Angst?

Elisabeth Moltmann-Wendel

Ein Traum aus früher Kindheit kommt mir immer wieder in Erinnerung, ein Traum von Angst, der später viele Varianten hatte:

Wie alle Sonnabende machen wir einen Familienspaziergang, meine Eltern, meine Schwester, meine Tante. Das Ziel ist ein Gasthaus im Wald, wo später Kaffee getrunken wird. Der Weg führt aus der Stadt hinaus, geht durch Felder, und da passiert es: Ich bleibe zurück, warum weiss ich nicht mehr, vielleicht war ein Stein im Schuh, vielleicht eine Blume am Feldrand, vielleicht konnte und mochte ich einfach nicht mehr laufen. Vor mir der lange gerade Weg, am Ende die Gruppe meiner Familie und dazwischen die schreckliche, lähmende Erkenntnis: Die sind so weit weg, die kann ich nie mehr erreichen.

Es ist die Urangst von Trennung, Ohnmacht und Isolation, die der Philosoph Erich Fromm als »Erfahrung des Abgetrenntseins« beschreibt, die Angst erregt und die »tatsächlich die Quelle der Angst« ist. »Abgetrenntsein heisst Abgeschnittensein und ohne jede Möglichkeit, die eigenen Kräfte zu nutzen«.

Dieser Traum blieb ein Urerlebnis, das in vielen anderen Trennungen meines Lebens sich wiederholte: bei der Loslösung der Kinder, beim Mauerbau an der Zonengrenze, der mich von meiner Ost-Familie trennte, beim Verlassensein von Gruppen, zu denen ich einmal gehört hatte, beim Tod von Menschen, die mir etwas bedeuteten.

Praktisch endete der Familienspaziergang sicher so, dass meine Mutter umkehrte, mir gut zuredete, mich an die Hand nahm und der Familie wieder zuführte. Aber im Traum riss der Film an dieser Stelle – für immer. Die Fortsetzung gehörte in die Phantasie und die barmherzige Erkenntnis, dass ich der Angst letzten Endes nie ganz ausgeliefert blieb.

Ohne Trennungen, wie sie z. B. in unseren ersten Lebenssekunden in der Abnabelung von der Mutter erfolgen, ist menschliches Leben nicht zu denken. Und das heisst zugleich, ohne Angst-Erfahrungen würden wir nicht existieren.

Nun gibt es allerdings viele kleine alltägliche Ängste: Ich habe Angst vorm Zahnarzt; ich habe Angst, den Zug zu verpassen. Aber viele dieser Alltagsängste lösen sich gnädig auf: Der Zahnarzt bohrt nicht, der Zug hat Verspätung und wird erreicht.

Schwerer sind Ängste, die sich wie eine dumpfe Gewalt über einen Menschen lagern: die Sorge, dass ein Kind nicht gedeiht, dass der Krebs die Freundin auffrisst, dass ich verfolgt werde und Depressionen mich erdrücken. Es gibt auch dunkle, diffuse Dauerängste, die nicht nur um mich oder um einen Menschen kreisen, sondern auch die Welt betreffen: die immer wieder aufbrechenden Kriege, die Zerstörung der Umwelt, der Verlust aller gesellschaftlichen Hoffnungen.

Wenn ich aber Zeitgenossen und -genossinnen frage: Was macht Dir Angst, dann sind es meist individuelle Ängste:

- der mögliche Verlust des Partners, der Partnerin durch Tod oder Liebesentzug,
- die Angst zu versagen, die sowohl den Erstklässler als auch den Professor erfassen kann, seinen Studenten nicht mehr zu genügen und die in unserer auf Leistung und Erfolg ausgerichteten Gesellschaft immer mehr zunimmt,
- die Angst vor Altersdemenz, die in unserer älter werdenden Bevölkerung für jeden greifbar näher rückt.

Ängste sind also vielfältig, klein und zuweilen kleinlich, dauer-präsent oder nur die Gegenwart trübend. Sie können uns besetzen und Körper, Sinne und Geist blockieren.

Es sind Ängste, die uns unser Wohlgefühl rauben. Sie nehmen uns etwas, was wir für normal und uns angemessen halten. Sie nehmen ein Stück des Lebens weg, das uns Identität, Ganzheit, die Beziehung zu einem vollen, heilen Leben bedeutet. Angst zeigt, dass wir auf dieses ganze, heile Leben ausgerichtet sind, dass wir Beziehung und Gemeinschaft brauchen, aber dass unsere Welt nicht heil ist, wir aber Heilung brauchen.

Doch wer gesteht sich schon zu, dass ihm etwas fehlt? Dass er/sie gar Heilung braucht?

Wo Leistung, Erfolg, Durchsetzungsvermögen und Schönheit dominieren, verdrängt man gern Flecken. Sie werden übertüncht mit angelernter Sicherheit oder Eleganz. Aber Ängste lauern heute überall in Chefetagen und im Friseursalon: die Angst vor Abstieg, Statusverlust, Armut und Vergessenheit. Sie lauern in Gesunden, aber auch in ganz jungen Menschen. Aber man hat fröhlich und tolerant, zuverlässig und belastbar zu sein und mit jedem reibungslos auszukommen!

Ängste werden zudem von Scham und Schuldgefühlen begleitet, etwas verfehlt zu haben. Aber das zuzugeben, hat gegenwärtig wenig Konjunktur.

Auf der andern Seite haben viele gelernt, in Gruppen, Therapien, Freundeskreisen ihren Ängsten Ausdruck zu geben, Schuld- und Schamgefühle zu überwinden und befreiende Kräfte aus ihrer Offenheit zu gewinnen.

Doch letzten Endes sind Menschen immer wieder auf sich allein gestellt. Sie müssen *ihr* Leben gestalten, aus *ihrer* Geschichte lernen und *ihren* eigenen Weg finden.

Die Frage ist: wie gehe ich mit meiner Angst um?

In unserer Gesellschaft sind verschiedene Versuche zu beobachten:

Es gibt seit alters her und in allen Kulturen Betäubungsmittel gegen die Angst. In der gegenwärtigen Gesellschaft sind es Drogen und Alkohol, die vorübergehend die tiefsitzende Einsamkeit und Isolierung aufzuheben scheinen. Eine andere Art von Angst-Bewältigung beschreibt der Schriftsteller Louis Begley in seinem Roman »Mistlers Abschied«. Ein erfolgreicher Geschäftsmann flieht – ohne seine Familie in Kenntnis zu setzen – vor seinem voraussehbaren Krebstod nach Venedig, um dort noch einmal zu lieben und zu leben. »Hast Du Angst?« fragt ihn schließlich ein Freund, »... vor dem Schmelzen, Zergehen und dem ganzen Scheiss?«

»Noch nicht«, antwortet Mistler und hat nur zwei Wünsche, den Medizinern mit »Wundern der modernen Medizin« zu entgehen, keine Rechenschaft über seine Sünden ablegen zu müssen und schmerzlos sich davonzumachen. Ein makabres Bild einer Gesellschaft, in der trotz allen Wohlergehens die Angst lauert und eines Mannes, der bis zuletzt seine Welt regieren möchte und nicht an ihr leiden will.

Doch Sex, Drogen und Alkohol verschaffen nur kurzfristige Illusionen. Die Angst stellt sich schnell wieder ein.

Nachhaltiger ist die Wirkung der Anpassung, die manche versuchen, um aus gesellschaftlicher Isolation befreit zu werden. Wer seinen eigenen individuellen Weg zu gehen meint, wer seinen Idealen leben möchte, spürt irgendwann die Angst, nicht mehr dazuzugehören. Das kann schon in der Schule passieren, wenn die Normen modischer Firmenkleidung nicht mehr erfüllt werden. Das kann im politischen Bereich geschehen, wenn nicht mehr dem stärksten Anführer gefolgt wird. Das kann überall da sich ereignen, wo die eigene Überzeugung, der abweichende Lebensstil, die persönliche Gewissensentscheidung bedrohlich den Konsens einer Gruppe in Frage stellen. Der Druck der Anpassung an den gängigen Stil, die übliche Meinung, Kleidung, die traditionellen Gewohnheiten ist riesengroß und dem Zwang zur Einordnung und Aufgabe des Eigenen kann sehr schwer widerstanden werden. Doch die Folgen für die Einzelnen sowohl als auch für die Gemeinschaft sind gravierend. Angst vor Isolation kann hier Leben, Herausforderung, Eigensein zerstören. Werte, die die Persönlichkeit zerbrechen und die Gesellschaft verarmen lassen, die von Non-Konformisten lebt.

Der Weg in die Kreativität ist eine weitere und vielleicht die fruchtbarste Möglichkeit, mit Angst umzugehen. Schreiben, Handwerken, Töpfern, Gärtnern und viele kleine gestalterische Tätigkeiten können Einsamkeiten aufheben. Dazu braucht es nicht das künstlerische Genie, aber den sich selbst erkennenden, leidenden Menschen, der seine Absonderung durchbricht. Der seiner Angst und seiner Menschlichkeit einen Ausdruck verleiht.

Angst kann Menschen auf einen Abgrund zutreiben, wo es kein Leben mehr gibt, und jede Angstbewältigung sollte unsere Achtung haben.

Nun fällt in unserm Sprachgebrauch etwas auf, was uns dem Verständnis von Angst noch näher bringt. Angst ist das unheimliche Gefühl von etwas Bevorstehendem: Wie der Tormann Angst vor dem Elfmeter hat, so können Kinder Angst vor der Schule haben, vor der Lehrerin, vor den Eltern. So haben wir Angst vor der Operation, vor dem Arzturteil, *vor* allen möglichen Schrecken. Das alles ist noch nicht eingetroffen, und vielleicht trifft auch manches nie ein und die Ängste sind grundlos. Der Tormann hält den Ball, die Lehrerin ist verständnisvoll, die Operation ist nicht nötig. Aber das Bevorstehende ist unheimlich, macht mich hilflos, isoliert mich von der Gemeinschaft, die sicher und zielgerichtet scheint. Was auf mich zukommen kann, raubt mir die Ruhe, die Selbstsicherheit, das Gefühl, in diesem Leben geborgen und zu Hause zu sein. Wir ängstigen uns vor einer Zukunft, die so anders sein könnte, als wir sie wünschen.

Die finsteren Wolken von etwas Kommendem haben die Gegenwart verhängt. Dass ich atme, fühle, denke, dass *ich* lebe verrauscht. Dass ich *bin*, mit allen meinen Sinnen, meinen Kräften, Fähigkeiten, wird aufgesaugt von der Angst.

Doch ich *bin* – auch jenseits meiner Angst. Es gibt die Gegenwart – auch losgelöst von der Zukunft.

»Unsterblich duften die Linden, was bangst Du nur ...« schrieb Ina Seidel in den 30er Jahren und lenkte den Blick vom geängstigten Ich fort in die blühende Gegenwart. Und Maxie Wander, die Schriftstellerin aus der DDR der siebziger Jahre entdeckte gegen die Angst ihre Sinne wieder: »Die Eigenart eines jeden Tages mit Worten einfangen ... Heute duftet mein Tag nach Sonnenwiese, Wipfelrauschen, Mühlenbach, Vergissmeinnicht ... Hör doch! Merkst Du nichts? Du lebst ...«

Nicht irgendeine Zukunft – die Gegenwart ist lebendig und Düfte, Gefühle, Geschmack zeigen ein Zuhause auf, das leicht vergessen wird. Du lebst – die Gegenwart ist lebendig und Du in ihr, mit allem, was Du bist, warst und sein wirst. Der Augenblick kann über das Kommende Macht gewinnen und die Angst wird zum Schatten.

Solch Vertrauen in Gegenwart und Leben ist keine Garantie für einen guten Ausgang des Kommenden. Es ist ein Vertrauen ins Leben, das wir nicht festhalten und nicht allein gestalten können. In ein Leben, das aus ungeahnten Möglichkeiten, Kräften und Überraschungen besteht. In dem sich Tore auftun, die verschlossen schienen, die ich nicht einmal sah. Ein Leben, in dem ich Menschen begegne, denen ich vertraue und Menschen, die Geborgenheit geben.

Solch Vertrauen ins Leben wird gern als Urvertrauen verstanden. Ein Urvertrauen, ein Erstvertrauen, das wir einmal von unserer Mutter gelernt haben und das uns mit auf den Lebensweg gegeben ist: Es ist gut zu leben. Solch Urvertrauen kann zeitweilig verloren gehen. Es kann überlagert werden von Misstrauen. Es kann aber auch wiedergewonnen werden durch Erfahrungen von Liebe, Freundschaft, Annahme und Anerkennung.

Solch Urvertrauen kann verschiedene Wurzeln haben und sich auch immer wieder aus verschiedenen Wurzeln nähren. Es kann aus der zuverlässigen ersten Lebens- und Liebeserfahrung stammen, die sich im späteren Leben wiederholen und aus denen heraus der Angst gelassener begegnet werden kann. Sie verdichtet sich in der Vereinigung der Liebenden, in der alle Trennungsangst ausgelöscht ist und auf die das Wort aus dem ersten Johannesbrief zutrifft: »Furcht ist nicht in der Liebe, sondern die völlige Liebe treibt die Furcht aus« (1. Joh 4, 18). Solche intensiven Vertrauenserfahrungen lassen nicht nur angstfreiere Menschen, sondern auch angstfreie Räume entstehen.

Solch Angst-minderndes Urvertrauen kann seine Wurzeln in der Religion haben. Die Grundannahme, von einem Gott geliebt und geachtet zu sein, kann Kräfte in Menschen gegen Zerstörung mobilisieren.

Doch es gibt gerade in den Religionen auch Gottesbilder, die eher Angst als Freiheit verursacht haben. Die Suche in der christlichen Religion nach einem »gnädigen Gott« trieb Luther und die Reformatoren um, bis sie schließlich den mit Gott versöhnenden Jesus verstanden. Das Bild des Vaters, der seinen Sohn am Kreuz grausam sterben lässt, erregt aber auch bis heute viele Frauen und vertreibt sie aus den Kirchen. Die Kreuzestheologie mit ihrer Botschaft: »Für eure Sünden gestorben« hat viele Menschen in ihrer Selbstwahrnehmung verstört. Wo sind denn meine Sünden? Und was sind denn eigentlich meine Sünden? Menschen, die wie Klaus-Peter Jörns herausgefunden hat, eher nach einer begleitenden Partnerschaft Gottes suchen, sind irritiert vom Bild des Weltenrichters, von Erzählungen vom strafenden Gott und einem schwarzen Pädagogen-Gott.

Frauen haben in den letzten Jahrzehnten dagegen andere vergessene Gottesbilder der christlichen Tradition wieder in den Vordergrund gerückt. Oft sind es weibliche Bilder. Bilder, die Vertrauen zurückgeben. So waren viele bergende und nährende Mutterbilder Gottes aus unsern Liturgien verschwunden und kehren nun langsam zurück. Gott-Weisheit, die an vielen Stellen des Alten Testaments beschrieben wird, kennt keinen Straf- und Drohapparat. Sie begleitet wie eine Freundin/ein Freund Menschen auf ihrem Weg und lässt ihnen die Freiheit, auch andere Wege zu gehen. Sie sucht die Menschen, lädt sie ein wie eine gute Gastgeberin und stillt ihren Hunger mit vielen guten Speisen. Hier ist alles Beklemmende eines herrscherlichen Gottesbildes aufgehoben. Hier ist Gott Frau, Freundin, Lebensbegleiterin, die einem die Angst nimmt. In den Weisheitstexten ist von Gottes*furcht* die Rede, die aber nicht Angst bedeutet, sondern Ehrfurcht vor der umfassenden, helfenden, suchenden Frauengestalt.

Eine andere weibliche Gottesgestalt hat eine Rabbinerin nachgezeichnet: Gott als alte Frau, die einer älter werdenden Geschlechtsgenossin die Angst vor dem Alter nimmt und an Stelle der Angst vor der Zukunft die Neugier auf ungeahnte Möglichkeiten setzt.

»Gott nimmt unser Gesicht in ihre beiden Hände und flüstert: ›Hab keine Angst, ich will treu zu dem Versprechen stehen, das ich dir gab, als du jung warst. Ich werde bei dir sein. Noch im hohen Alter werde ich bei dir sein und dich halten, wenn du grauhaarig bist. Ich habe dich geboren, ich trug dich, ich halte dich fest. Werde alt mit mir ...‹

Unsere Angst vor der Zukunft ist nun gedämpft durch Neugier: Das Universum ist unendlich und noch immer voll unbegrenzter Möglichkeiten. Obwohl die Sonne auf- und untergeht wie am Tag zuvor, gleicht kein Tag dem anderen. Und jeden neuen Tag dürfen wir mit der erwartungsvollen Neugier begrüßen: Was werde ich heute lernen, was erfinden? Was werde ich heute wahrnehmen, das ich nie zuvor sah? Nun verstehen wir, warum wir geschaffen wurden, älter zu werden: Jeder hinzugefügte Tag unseres Lebens, jedes neue Jahr lässt uns Gott ähnlicher werden, ihr, die ewig älter wird.«

Eine andere Geschichte solchen Urvertrauens ist die Jesusgeschichte, vor allem die Geschichte in Gethsemane, eine Geschichte der Angst und des Verlassenseins von Gott und Menschen. Sie ist unzählige Male gemalt worden: die Freunde, die Jünger, die sich soviel Mut und Treue zutrauen, schlafen und Jesus betet zu Gott, dass der Kelch des Todes und des Leidens an ihm vorbeigehe. Aber es kommt kein helfender Gott und keine Stimme von oben. Gott schweigt und die Freunde haben ihn allein gelassen. Die Bibel hat diese Geschichte in verschiedener Weise erzählt. Am elendsten ist diese Angst im frühesten Evangelium, bei Markus, dargestellt: Zittern, auf-die-Erde-fallen, der verzweifelte Ruf nach dem liebenden Vater Abba. Die späteren Geschichten haben schon den Überwinder im Auge gehabt! Sie sind nicht mehr schrill, sondern frömmer.

An diese frühe Geschichte haben sich viele Menschen in unsäglichen Leiden und in stiller Verzweiflung geklammert. Sie endet mit dem Tod und scheinbar hoffnungslos. Aber sie birgt ein Geheimnis, das andere Todes- und Verzweiflungsgeschichten nicht haben: Sie erzählt von Gottes Angst und Gottes noch stummer Gegenwart, die diese Angst aushält: »In allen unsern Ängsten warst Du selber unsere Angst«. Sie erzählt nicht ein herrliches Ende der Angst, aber sie hat Ängste begleitet, Ängste gespiegelt und Gott in unsre eigene Geschichte hineingezogen. Wie eng menschliche und göttliche Erfahrung miteinander verschlungen sind, hat der protestantische Liederdichter Paul Gerhardt in dem klassisch gewordenen Vers ausgedrückt: »Wenn mir am allerbängsten wird um das Herze sein, so reiss mich aus den Ängsten kraft deiner Angst und Pein.«

Der biblische Satz: »In der Welt habt Ihr Angst, aber siehe, ich habe die Welt überwunden«, ist häufig missverstanden worden, als ob es nur nach dem Tod, in einem Jenseits, Befreiung von den Ängsten gibt. Doch in uns sind Kräfte, die uns zurückbringen in ein verloren gegangenes Vertrauen, das uns neue Wege in ein vor uns liegendes Vertrauen öffnet, das in unsere Sinne, Herzen und Hände gegeben ist. Ein anderer biblischer Satz weist darauf deutlich hin: »Du stellst meine Füsse auf einen weiten Raum« (Ps 31, 9). Stellen wir uns vor, mitten auf einem schmalen Pfeiler in einem feindlichen Meer ausharren zu müssen, auf einem Pfeiler unserer Isolation, unseres Stolzes und unserer Angst, und es tut sich nun um diesen Pfeiler weiter Raum auf, den ich begehen kann. Das feindliche Meer trocknet aus, wird eine begehbare Erde, auf der ich Schritte tun kann in verschiedene Richtungen. Eine Erde, die mich aufnimmt, auf der ich Ängste verlieren, auf der ich Vertrauen geben kann und wo gelten soll: »Fürchte Dich nicht!«

Was soll aus uns werden?

Reimer Gronemeyer

Am Bahnhof Brenner steigt sie in das Auto, mit dem wir sie dort abholen. Es ist ein kleines Auto, nun sind wir zu fünft. Und sie, Karin, kommt mit einem großen Rucksack, den wir über unsere Knie legen müssen. Ich bin etwas irritiert, denn wird sind nur für vier Tage unterwegs zu einem Seminar in Italien. So wenig Gepäck wie möglich war die Devise gewesen. Und nun dieses voluminöse Ding. Erst im Laufe der Tage verstehe ich das. Karin ist mit dem Studium fertig, hat ihre Wohnung aufgegeben, die Habe in Kartons verpackt. Seit Wochen ist sie mit dem Rucksack unterwegs. Verschiedene Jobs, Besuche in der ganzen Republik. Sie lebt aus diesem Rucksack. Und sie sagt: Eigentlich brauche ich nicht mehr. Ich weiß gar nicht, ob ich diese Kartons je wieder auspacken will. Ein paar Bücher vielleicht.

Ich denke an den wunderbar-ironischen Satz des römischen Philosophen Seneca: »*Niemand rettet sich schwimmend mit Gepäck.*« Wir verstoßen ständig gegen diese Einsicht. Das Gepäck, das sich im Laufe unseres Lebens ansammelt, steht dem wirklichen Leben im Wege. Je älter wir werden, desto schwerer wird unser Schritt, weil die Dinge wie Fesselkugeln am Bein sind und unseren Schritt verlangsamen. Wer kennt nicht diesen Impuls: Alles wegwerfen? Befreiung von dem Müll, unter dem das eigene Leben begraben wird. Ich beneide Karin um ihre Leichtigkeit. Wahrscheinlich könnte ich das nicht: so meine Habe auf den Inhalt eines Rucksacks zusammenschnurren lassen. Aber ich beneide sie. Und ich ahne, dass der Kokon der Dinge, in den wir eingesponnen sind, uns so unbeweglich macht wie die Larve im Kokon.

Carla geht den anderen Weg: Sie hat gerade einen Tisch aus edlem Holz gekauft, fast zweitausend Euro. Sie klagt über das Konto, das im Minus ist. Immer wieder stattet sie sich mit teuren Gegenständen aus, die sie eigentlich nicht bezahlen kann. Der Dekorateur hängt die Gardinen auf. Der silbergraue BMW in der Garage. Jacke von Jil Sander. Wenn ich das sehe, überfällt mich immer die Vision: Eines fernen Tages wird ihr Sohn, der wenig Aussichten auf einen gut bezahlten Job hat, diesen Tisch zerhacken und damit seine kalte Wohnung beheizen. Oder er wird unter diesem Tisch liegen und sich so notdürftig vor dem Wetter schützen, weil der Wind durch die längst zerschlagenen Fensterscheiben pfeift. Wenn das Geld für Heizöl oder neue Scheiben nicht da ist.

Was soll aus uns werden? In welche Richtung wollen wir gehen? Wollen wir unsere Lebensangst zähmen, indem wir unsere Leere mit Dingen ausstatten? Herumreisen, um Erlebnisse einzuheimsen? Seit 1850 hat bei uns jede Generation so viele Güter produziert und verbraucht wie alle Generationen vor ihr zusammen. Wir leben in Absurdistan: Die Verpackung der Waren kostet in den USA heute soviel wie in ganz Indien die Grundversorgung mit Nahrungsmitteln. Soll das so weitergehen, dass die Verbrauchsberge um uns herum wachsen, dass die Müllberge uns die Sicht auf das Leben nehmen? Während unser – der Reichen – Lebensstandard immer noch steigt, während die Lebensqualität mit immer raffinierteren Instrumenten gemessen wird, wächst doch das Empfinden, dass wir in die falsche Richtung gehen. Sind die Menschen je einsamer gewesen als heute? Wächst die Einsamkeit vielleicht proportional mit dem Verbrauch? Reichert sich das Gift in menschlichen Beziehungen an, weil das Geld in alle menschlichen Beziehungen kriecht und sie verdirbt? Noch nie sind solche Geldmengen täglich durch die Börsen gejagt worden wie heute, noch nie ist Politik so ausschließlich zu einer Geldsache heruntergekommen. Noch nie hat man die Menschen – so wie heute – glauben machen wollen, dass Geld das Mittel zur Rettung der Menschheit sei. Das warme Blut, das in den Adern der menschlichen Lebensverhältnisse pulsierte und sie erwärmte, ist durch das Pulsieren der Börsenkurse und Banknoten ersetzt.

Was soll aus uns werden? Diese Frage wäre in früheren Zeiten als geradezu gotteslästerlich zurückgewiesen worden. Die Zukunft liegt doch in Gottes Hand, hätten die Leute gesagt. Nur Hexen traute man zu, die Zukunft in ihre Finger zu kriegen. Wir versuchen dagegen unablässig, in die Zukunft zu schauen, sie wie ein unbekanntes Land zu kolonisieren und Voraustrupps in das unbekannte Morgen zu schicken. Da gibt es Zukunftsinstitute, die Trends und Megatrends ausmachen. Aber man ahnt schon, was das soll: Es geht darum, Geschäftsinteressen auszumachen und zu sichern. Die Zukunft verbirgt nicht mehr die erwartete und befürchtete Ankunft des Gottesreiches, sondern die Zukunft wird zu einer unternehmerischen Frage. Werden die Alten eine wichtige Konsumentengruppe? Wird Jugendlichkeit in einer vergreisenden Gesellschaft die kostbarste Ware überhaupt? Wogegen kann man sich versichern und wogegen nicht? Die Zukunft? Die ist aufgeteilt in eine Euro- und eine Dollarzone.

Was soll aus uns werden? Das klingt wie eine bange Frage: Was soll *bloß* aus uns werden? Sind wir vielleicht die Passagiere in einem Riesenjet, der mit immer größerer Geschwindigkeit durch die Stratosphäre jagt? Während die Geschwindigkeit zunimmt, verbreitet sich bei den Passagieren in der Kabine allmählich ein Gefühl der Panik, weil man ahnt, dass die Pilotenkanzel leer ist. In welche Richtung bewegen sich die Prozesse der Globalisierung, der Beschleunigung, der Modernisierung? Ragt da im Nebel der Zukunft ein Bergmassiv in den Himmel, an dem wir zerschellen werden? Können wir in dem Weltgeschehen etwas anderes erkennen als die blinde Wut des Machens? Versuchen die Menschen nicht gerade, die Zukunft zu asphaltieren, um auf ihr entlang rasen zu können?

Im Grunde greift die Idee des Marktes, die zu einer totalitären Weltreligion verkommen ist, nun nach dem Menschen selbst. Er soll nicht mehr nur Waren verkaufen und kaufen, sondern er soll selbst zur geprüften, kontrollierten Ware werden. Wenn wir fragen: *Was soll aus uns werden?* Dann schreit es uns entgegen: *Du sollst eine Ware werden, menschengemacht, mit Gütesiegel und Verfallsdatum.*

Am deutlichsten kann man das am Anfang und am Ende des Lebens erkennen: Geburt und Tod geraten unter das Diktat der Produktion: gemacht, kontrolliert und verbraucht wie Würstchen, zu denen die Menschen ja auch werden sollen. Werdendes Leben? Lachhaft:

Längst geht es um qualitätskontrollierte Herstellung von Leben. Präimplantationsdiagnostik, Ultraschall, Genom-Analyse, Vorsorgepass. Ein Wortwirbel, in dem sich das Projekt einer zukünftigen warenförmigen Menschenherstellung ankündigt. Die Reproduktionsmedizin rückt – angesichts der Unfruchtbarkeit vieler Paare – sowieso allmählich ins Zentrum und mit ihr die Möglichkeit des Menschen-Designs: *Mädchen oder Junge? Wie soll Ihr Kind aussehen und wo sollen seine besonderen Fähigkeiten liegen?* Hier ist der Gen-Katalog, suchen Sie aus. Gerade hat eine immerhin 58jährige Frau in Italien implantierte Zwillinge zur Welt gebracht. Kinder aus gleichgeschlechtlichen Ehen? Vom Single? Kein Problem. In den Vereinigten Staaten hat sich ein lesbisches Paar den Wunsch nach einem eigenen Kind erfüllt und dafür den Spendersamen eines in fünfter Generation gehörlosen jungen Mannes verwendet. Die beiden Frauen sind taub. Sie wollten, dass das Baby gehörlos auf die Welt kommt, *damit das Kind die Welt aus der gleichen Perspektive erlebt wie wir selbst* – sagten sie.

Wir erfahren, dass es schon fünf Lebewesen gibt, die drei Elternteile haben: Produktionssubstanzen von älteren Frauen und jüngeren Frauen (früher hieß das: *Eierstöcke*) wurden vermischt, der Samen eines Mannes hinzugetan: Fertig ist ein bisher nicht bekanntes Wesen. Ein neues Backrezept gewissermaßen. Man fragt sich, wann man so etwas als menschliche Fertigbackmischung in der Apotheke wird kaufen können. Der Klinikchef eines wissenschaftlichen Zentrums in Halle gibt zu bedenken, ob so nicht binnen kurzem – versehentlich – Wesen hergestellt würden, die sich mit dem herkömmlichen *homo sapiens* nicht mehr kreuzen lassen. Die Grenzen verschwimmen: Auf einer Konferenz in Berlin im März 2003 wird über die Züchtung von Schweinelebern, Schweineherzen, Schweinenieren diskutiert, die sich zur Implantation beim Menschen eignen sollen. Dazu sind gentechnologische Eingriffe notwendig, die Abstoßungsreaktionen unterdrücken. Es geht – so heißt es in der Debatte – um die »*Vermenschlichung des Schweins*«. Wohl auch um die Verschweinung des Menschen.

Noch einmal also die Frage: *Was soll aus uns werden?* Eine Chimäre vielleicht, ein Mischwesen? Auf jeden Fall ein biomedizinisches Projekt, das man kopieren, optimieren und spezialisieren kann. Und nur geprüfte menschliche Bio-Ware soll auf den Markt kommen. Die Zuwanderung behinderter Menschenkinder wird kontrolliert wie die Zuwanderung von Afrikanern. Das ist ein Ziel der Präventionsmedizin. Mongoloide Kinder hat der Nationalsozialismus vernichtet, wo er sie bekommen konnte, die moderne Medizin lässt sie erst gar nicht mehr herein in unsere Welt. Ein seltsamer Stamm, die Kinder und Erwachsenen mit Down-Syndrom, verschwinden nun aus unserer Welt. Natürlich ist es eine Illusion zu glauben, wir würden künftig ohne behinderte Menschen leben. Sie werden ja von einer entfesselten Medizin geradezu produziert: Frühgeburten, die fast noch Embryonen sind, zwingt sie ins Überleben. Schwerste Behinderungen gehören dazu. Und eine absurde Grenzziehung. In Nordrhein-Westfalen ist die Grenze des Lebens auf 600 Gramm festgelegt. Frühgeburten, die mehr wiegen, kommen in den Brutkasten und werden versorgt, solche, die weniger wiegen, kommen in den Plastikeimer und werden entsorgt. Eine Ärztin berichtet von einer Zwillings-Frühgeburt. Einer der Zwillinge wiegt 590 Gramm, einer 610 Gramm. Da trennen sich nach der Geburt sogleich die Wege dieser beiden Wesen. Das eine wird durch die Waage zu einem Menschen erhoben, das andere verwirft sie als Zellklumpen.

Am Anfang des Lebens soll aus dem Menschen ein Produkt mit Qualitätssiegel werden. Es kann nicht überraschen, dass dem am Ende des Lebens die Idee der Entsorgung entspricht. Immer deutlicher wird heute ausgesprochen, dass alte Menschen nicht zu teuer werden dürfen. In Samuel Becketts Stück »*Endspiel*« sitzen die Eltern schon in Mülltonnen. Von Zeit zu Zeit wird ihnen Sägemehl hineingeworfen und sie bekommen Brei oder einen Zwieback. Menschen, die Produkte geworden sind, deren Verfallsdatum überschritten ist. Und darum sitzen sie schon in der Mülltonne. Was einmal als Gerontologie begonnen hat, wird unmerklich zu einer Entsorgungsthematik. Der Bochumer Theologieprofessor Joachim Wiemeyer tritt im Juni 2003 dafür ein, dass ab 75 keine aufwendigen Eingriffe wie Herz- oder Krebsoperationen mehr von der Krankenkasse bezahlt werden. Man solle sich auf die Behandlung akuter Schmerzen beschränken. Läuft das denn nicht auf Selektion hinaus? Der Ökonomiekollege Friedrich Breyer springt ihm bei: »*Das ist höchstens Selbstselektion. Jedem Menschen bleibt die Entscheidung schließlich selbst überlassen.*« Die Entscheidung, die da jedem selbst überlassen ist, besteht darin, dass diejenigen, die es sich leisten können, künftig solche medizinischen Eingriffe selbst bezahlen müssen. Wenn der Mensch zur Ware geworden ist, dann entscheidet ganz selbstverständlich die Kaufkraft über das Weiterleben. Man kann sich gegen die medizinische Selektion ja versichern lassen. Fehlt da die Knete, dann ergeht eben auf die Aufforderung zur Selbstselektion: Man springe selber von der Rampe und marschiere zum Krematorium.

Was hier für Deutschland vorgeschlagen wird, ist in anderen europäischen Ländern im Übrigen bereits länger Praxis: In Großbritannien gibt es bereits ab 65 Jahren keine Hüftoperation, keine Dialyse, keine Bypassoperation, die öffentlich bezahlt wird. »*Am besten wär's Euch zeitig totzuschlagen*« sagt der Bakkalaureus in Goethes Faust über die Alten. »*Am besten wär's Euch zeitig totzuschlagen*«: Belgien und die Niederlande haben erfolgreich die gesetzlich genehmigte Tötung von sterbenskranken Menschen eingeführt. In den Niederlanden wurden im Jahr 1998 bereits 20 Prozent aller Moribunden auf diese Weise entsorgt.

Wird es in Europa zukünftig neben dem Freizeitpark auch den Entsorgungspark geben? Orte, an denen man sich abschalten lassen kann? Orwell hat solche Sterbekliniken noch als Zwangseinrichtungen beschrieben. Dort werden die Menschen mit Drogen und bei einlullender Musik umgebracht, wenn sie ein bestimmtes Alter erreicht haben. Wir werden keine Zwangseinrichtungen benötigen. Die alten Menschen beginnen ja schon jetzt, ihr Einverständnis kundzutun: *Wenn ich zu nichts mehr nütze bin, dann will ich auch nicht mehr leben*, sagen viele. Sie nehmen gewissermaßen das gesellschaftliche Urteil, das über Alte ergeht, vorweg und geben es als ihre eigene Meinung aus. Niemand wird gezwungen, sich abschalten zu lassen. Die radikale Marktgesellschaft verlagert ihren Befehl so in die Individuen, dass sie die Aufforderung als ihren eigenen Willen ausgeben.

Der Mensch wird zu einer qualitätskontrollierten Ware, die am Anfang nach Prüfung zugelassen wird, die am Ende kostengünstig entsorgt wird. Eine kalifornische Firma bietet neuerdings an, die Asche

Verstorbener unter Einsatz hoher Temperaturen in Diamanten umzuwandeln. Endlich kann man den Ehepartner wertbeständig als »*Trauerdiamant*« am Finger tragen. Symbolisch kommt hier die Warenhaftigkeit des modernen Menschen zum Ausdruck. Auch in medizinischen Skandalen wird bisweilen die Richtung erkennbar: Vor einigen Jahren flog auf, dass manche Ärzte an Herzschrittmachern doppelt verdienten, die sie Verstorbenen entnahmen, um sie erneut zu verwenden. Und natürlich sind die Körper von jungen verunglückten Motorradfahrern beliebt, die eine ertragreiche »*Organernte*« versprechen. Was man da nicht alles wiederverwenden und verkaufen kann! An den Rändern der reichen Welt, in Indien z.B., ist es nicht unüblich, dass junge Männer und junge Frauen eine Niere verkaufen, um so das Überleben der eigenen Familie zu ermöglichen. Bei Hinrichtungen in China wartet das Transplantationsteam im Nebenzimmer auf die noch warme Körperware.

An den Portalen des Lebens wird uns deutlich gemacht, zu was wir werden sollen: zu Gebrauchsartikeln. Und dazwischen – in der Lebenszeit von der Geburt bis zum Tod – sollen wir uns selbst so behandeln als wären wir zum Verbrauch bestimmte Dinge. Die Luxuswaren werden in Elite-Internaten geschult, bekommen dann den Diamantenschliff auf einer teuren Universität. Der Ramsch wird in verwahrlosten Schulen verwaltet und auf eine Existenz im Abseits getrimmt. Für den Ramsch wird man bald eine auf das Minimum abgesenkte Sozialhilfe präsentieren und eine Gesundheitsversorgung auf dem Niveau von Aspirin und Blinddarmoperation. Mehr wird es nicht geben. Die Prominenten-Praxis dagegen wird vom Anti-Aging bis zur Millionentherapie alles bieten. Man muss hoffen, dass es ein paar ausgeflippte Mediziner gibt, Deserteure, die behandeln und heilen wollen, ohne auf das Geld zu starren.

Die Firma Siemens lässt uns in einem Szenario auf das Jahr 2010 blicken. Zu der Zeit werden bildgebende Verfahren und Biochips schon nach Minuten Auskunft über den Gesundheitszustand eines Menschen geben. Sogar auf Zellebene werden erste Krankheitsanzeichen aufgespürt. Die teuren Menschenexemplare werden sich regelmäßig einem solchen Screening unterwerden. Der Akt wird dem Akt ähnlich sein, den wir heute an der Kasse des Supermarktes beobachten können: Das Lesegerät nimmt den Strichcode der Ware auf, die über die Theke geschoben wird. Ein Manager erzählt:

»Heute ist es wieder einmal so weit. Ich lasse mich im Gesundheitszentrum von Kopf bis Fuß durchchecken. Ehrlich gesagt ist mir ein wenig mulmig. Schließlich bekam ich beim letzten Check-up vor sechs Jahren einen gehörigen Schreck. Die Bilder von meinem Gehirn zeigten kleine weiße Flecken: Mikroinfarkte. Ich litt damals unter stark erhöhtem Blutdruck und hatte meine Medikamente nicht regelmäßig eingenommen. Seitdem habe ich meine Ernährung umgestellt, mein Gewicht reduziert und mich regelmäßig bewegt. Gar nicht so leicht im stressigen Managerberuf! Wenigstens dauern die Untersuchungen nicht lange. Und das Liegen im MR-Tomographen ist viel angenehmer geworden als früher, wo es immer diese lauten Knackgeräusche gab. Doch dank der neuen Piezoschwingungsdämpfer – die übrigens meine Firma herstellt – ist jetzt kaum noch etwas zu hören. Und auch danach geht's schnell. Die Software markiert automatisch verdächtige Stellen.

›Herr Markus, sehen Sie sich die Ergebnisse mit mir an?‹ fragt die junge Ärztin. Jetzt wird's ernst. Auf einem großen Flachbildschirm sehe ich mich in Lebensgröße, besser gesagt, mein Innenleben. Die Ärztin vergleicht die Bilder aus meinem Gehirn mit denen von 2004. Die sind in meiner elektronischen Patientenakte zentral gespeichert und lassen sich von überallher abrufen, natürlich nur mit Zugangsberechtigung. Gott sei Dank, keine neuen Mikroinfarkte! Meine Lebensweise umzustellen, hat sich also gelohnt.«

Welchem Gott der Manager Markus da denkt, wollen wir dahingestellt sein lassen. Er hat sich jedenfalls von allen eigenen Körperempfindungen abgespalten und lässt sich mit einem ›Innenleben‹ konfrontieren, das auf einen Flachbildschirm ausgelagert ist. Die Ware wird angeschaut und kontrolliert wie im Schlachthaus. Der Körper sagt mir nichts mehr über mich. Kranksein ist kein persönliches Ereignis mehr. Krankheit wird zu einem Defizit in Bezug auf eine medizinisch beschriebene und persönlich nicht mehr erfahrbare Norm. Der Mensch wird vollkommen abgespalten von allem, was er empfinden und erfahren kann. Die kleinen weißen Flecken auf dem Flachbildschirm sagen mehr über ihn als er selber weiß. Ein perfektere Entmündigung kann man sich nicht vorstellen – und diese Entmündigung wird gekrönt von der jungen Ärzten, die dem Manager Markus eine demokratische Illusion anbietet: »*Sehen Sie sich die Ergebnisse mit mir an?*« Jeder feudale Sklave war freier als Manager Markus.

Der Kirchenvater Augustin lebte und schrieb im 4. Jahrhundert nach Christus. In einem großen Gebet, das den Anfang seiner Confessiones, seiner Bekenntnisse, bildet, spricht er von dem *homo circumferens mortalitatem suam.* Der Mensch – heißt das – schleppt seine Sterblichkeit mit sich herum. Vielleicht geht es in unserer Zeit vor allem und immer wieder darum, diese Tatsache zu bekämpfen und zu leugnen. Wir ignorieren krampfhaft unsere Sterblichkeit. Eine Ware kann hergestellt und entsorgt werden, aber sie kann nicht sterben. Vielleicht geht es darum? Wollen wir lieber Ware als Person sein, weil wir unsere Sterblichkeit so übersehen können?

Vielleicht bedeutet das auch, dass wir Lebendigkeit nur zurückgewinnen können, wenn wir die Sterblichkeit nicht mehr leugnen. Je mehr die Menschen sich zur Ware machen lassen und zur Ware werden, desto mehr gleichen sie lebenden Leichen. Sie sind schon tot und merken es nicht.

Was soll aus uns werden – wenn wir das nicht wollen?

Wir müssen darauf hoffen, dass unsere Kinder oder vielleicht erst unsere Kindeskinder sich dazu entschließen, ihr Erbe in einer Nacht zu versaufen. Dann könnten sie neu anfangen. Vielleicht sagen sie: *Wir wollen nicht so leben wie ihr, die ihr die Welt dem Diktat des Geldes unterworfen habt.* Hoffnung entsteht da, wo die schlechte Wirklichkeit nicht einfach hingenommen wird. Das wird schön deutlich an dem Gespräch zwischen Marco Polo und dem Tartarenkaiser Kublai Khan. Der Reisende Marco Polo erzählt dem Groß-Khan von den Städten, die er besucht hat. Der italienische Schriftsteller Italo Calvino hat diese fiktiven Reisen und diese erdachten Städte beschrieben. Am Schluss seiner Erzählungen fragt der Kaiser den Reisenden:

> *»Wird der letzte Anlegeplatz, auf den uns die Winde zutreiben, die Höllenstadt sein, zu der die Strömung uns in einer sich immer mehr verengenden Spirale hinunterzieht?«*

Aber Marco Polo antwortet:

> *»Die Hölle der Lebenden ist nicht etwas, was sein wird; gibt es eine, so ist es die, die schon da ist, die Hölle, in der wir tagtäglich wohnen, die wir durch unser Zusammensein bilden. Zwei Arten gibt es, nicht darunter zu leiden. Die eine fällt vielen recht leicht: die Hölle akzeptieren und so sehr Teil davon werden, dass man sie nicht mehr erkennt. Die andere ist gewagt und erfordert dauernde Vorsicht und Aufmerksamkeit: suchen und zu erkennen wissen, wer und was inmitten der Hölle nicht Hölle ist, und ihm Bestand und Raum geben.«*

Natürlich spricht alles dafür, dass wir heute im Begriff sind, diese Höllenstadt anzusteuern:

- Jeden Tag werden 50 000 Hektar Tropenwald vernichtet.
- Jeden Tag belasten 60 Millionen Tonnen Kohlendioxid (CO_2) die Atmosphäre.
- Jeden Tag sterben bis zu 100 Tier- und Pflanzenarten aus.
- Jeden Tag nimmt das verfügbare Ackerland um 20 000 Hektar ab.

Nicht nur die ökologischen Trends, sondern auch die sozialen und ökonomischen Indikatoren deuten darauf hin, dass wir auf dem Weg in die Höllenstadt sind:

- Das Durchschnittseinkommen in den 20 reichsten gegenüber den 20 ärmsten Ländern ist heute 37mal höher. Der Abstand hat sich in vierzig Jahren verdoppelt.
- Unter den 100 größten Wirtschaftseinheiten der Welt sind 52 Konzerne, aber nur 48 Staaten.
- Wenn die Menschen auf dem blauen Planeten sich alle so ernähren wollten wie die US-Amerikaner, dann würde die Ernte von vier Planeten gebraucht.

Unter diesen Bedingungen ist die Aufforderung zu positivem Denken, der wir uns heute oft gegenübersehen, unverschämt und gefährlich. Angst ist da realistischer als jener dümmliche Optimismus, der oft eingefordert wird. Wer sich gedankenlos und widerspruchslos dem Mainstream-Strudel hingibt, wird unweigerlich in die Tiefe gerissen. Die Hoffnung liegt in der Opposition, in dem anstrengenden und schwierigen Versuch, gegen den Strom zu schwimmen.

In welche Richtung man schwimmen muss, das ist eigentlich klar. Die Auswege aus der Gegenwarts-Hölle liegen auf dem Tisch. Der indische Buddha hat einmal gesagt: *Freiheit liegt im Verlassen des Hauses.* Sehr ähnlich antwortet Jesus dem reichen Jüngling. Der fragt ihn: *Was muss ich Gutes tun, damit ich das ewige Leben erlange?* Und Jesus antwortet ihm: *Geh hin, verkaufe, was du hast und gib es den Armen.* Als der Jüngling das hörte, ging er – so heißt es im Matthäusevangelium – betrübt hinweg. Denn er hatte viele Güter.

Es gibt die Pforte, durch die man jederzeit gehen kann, um die Gegenwarts-Hölle zu verlassen. Die Angeln, in denen diese Tür hängt, heißen Freundschaft und Entsagung. Der kürzlich verstorbene große Theologe Ivan Illich hat diese beiden Angeln, in die ein neues Leben eingehängt sein müsste, beschrieben.

Der Verzicht, der uns am schwierigsten fallen dürfte, das ist der Verzicht auf die Macht, die Welt zu verändern. Jesus verzichtet, als der Teufel ihm diese Macht anbietet, darauf, sie in Anspruch zu nehmen. Rettend sind selbstauferlegte Grenzen. Wer bemerkt, dass man Verzicht üben kann, findet zurück zu einem Selbst, das über den Zwängen der Welt steht. Nur so können die großen Ängste und die Erfahrung der Machtlosigkeit überwunden werden. Damit ist nicht Selbsterniedrigung und Kasteiung gemeint. Damit ist auch nicht angeschlossen an die Geschichte einer missverstandenen Askese.

Kürzlich erzählte mir ein katholischer Kollege, dass er in der Fastenzeit kräftig abgenommen habe. Er habe jeden Tag sein Gewicht auf der Waage kontrolliert und sei mit dem Ergebnis sehr zufrieden gewesen. Dieser Verzicht ist natürlich nicht gemeint, weil sich der Kollege bei diesem Verzicht nur selbst bedient. Das ist Fitnesssteigerung und nicht Verzicht. Wahrscheinlich würde es ihm sehr viel schwerer fallen, eine Woche keine e-mails zu schreiben. Oder für seine Kinder auf einen Schulabschluss zu verzichten. Jeder muss das, was für ihn

Verzicht ist, selbst herausfinden: Das schnelle Auto? Das exklusive Essen? Die Erlebnisreise? Die Sammelwut? Das Bedürfnis, sich zu schmücken? Karrieresucht? Geldgier? Im Augenblick des Loslassens wird sich – nach dem zuerst empfundenen Schmerz – ein Gefühl der Befreiung und Erleichterung einstellen.

Dieser Versuch der Grenzziehung kann nur stattfinden, wenn sie in Freundschaft eingebunden ist. Die Hoffnung auf eine neue Gesellschaft, in der die Warenhaftigkeit der Person rückgängig gemacht ist, liegt in der Freundschaft. Sie wird sich wohl auf den Trümmern der zerbröckelnden Familie aufbauen und dabei vielleicht auch neue Formen des Beieinanderseins, die man wieder Familie nennen könnte, hervorbringen. Die Praxis dieser freundschaftlich gemeinsamen Grenzziehung besteht – wie Ivan Illich gesagt hat – in *kleinen Akten der närrischen Zurückweisung.* Vielleicht die Zurückweisung eines der Angebote aus dem Warenhaus der Medizin? Nein danke, kein Computertomogramm, nur um sicherzugehen. Nein danke, kein Penicillin bei einem Infekt, der auch so ausheilt. Nein danke, keine Blumen, die über Nacht aus Brasilien eingeflogen worden sind. Politik und Ökonomie machen die Welt heute zu einer Ware. Der Planet wird zur Ressource, zum Objekt der Planung, des Designs, des Managements. Genauso wie der Mensch zur Ressource, zum Objekt der Planung, des Designs, des Managements geworden ist. Nur in dem Maße wie wir uns aus dem Zwangskorsett der Planung, der Betreuung, der Kontrolle zu befreien wissen, werden wir leben.

Das mag für uns moderne Menschen das Schwierigste sein: Eine umfassende Gelassenheit zu entwickeln, die es uns erlaubt, loszulassen. Sich nicht auf das Spiel der Macht einlassen, die ihr Spiel auch mit uns noch spielt, wenn wir ihr widersprechen. Weil sie uns damit immer noch in ihren Bann schlägt. Nichts würde die destruktiven Machtverhältnisse mehr zerrütten, als wenn eine wachsende Zahl von Menschen sie zu ignorieren begänne. Sich ausklinkt aus dem Kreislauf von Konsum und Geld, von dem die Macht lebt. Nichts davon begehren, was die Macht – in der Gestalt von Direktoren, Ärzten, Politikern, Lehrern – anzubieten hat. Das würde das Taumeln auslösen, das die Verhältnisse zum Tanzen bringen könnte.

Für die Hölle, in der wir zunehmend zu leben gezwungen sind, wird es gefährlich, wenn die Menschen die industrielle Verpackung, in die sie eingeschnürt sind, abstreifen und sich daran erinnern, dass sie gerade leben in dem, was über sie hinausweist.

Der mittelalterliche Theologe Wilhelm von Saint-Thierry schreibt verzweifelt-hoffnungsvoll: *Wie lange soll das noch dauern, Herr, wie lange? Wann endlich reißt du deinen Himmel auf und kommst herab? Dann könntest du mit deinem vernichtenden Zorn meine Stumpfheit brechen. Dann müsste ich aufhören, so zu sein, wie ich bin.*

Vielleicht sind diese Worte uns fremd und fern. Aber die Frage: *Wie kann ich ein anderer werden?* – die teilen wir mit Wilhelm von Saint-Thierry. Und wir ahnen wohl auch, dass wir uns nicht wie Münchhausen am Schopf selber aus dem Sumpf ziehen können. Die Menschen sind – wenn man Samuel Becketts Beschreibung folgt – zu Stümpfen geworden. Wie sollen sie der Stumpfheit entrinnen? Hoffnung liegt in der Freundschaft. Ich bedarf des anderen, der mir seine Freundschaft schenkt. Die Christen haben noch mehr gesagt: Sie sagen, in dem anderen Menschen begegnet dir Gott. »*Was ihr dem geringsten meiner Brüder getan habt, das habt ihr mir getan.*« Deshalb weist der Nächste und insbesondere der Freund über uns beide hinaus. Das ist auch eine der möglichen Antworten auf die Frage: Was soll aus uns werden? Ein paradisus homo: als einen paradiesischen Menschen hat die alte Kirche den Freund bezeichnet. Das soll aus uns werden.

Verzeichnis der Autorinnen und Autoren

Regina Ammicht-Quinn
Dr. theol. habil., Privatdozentin für theologische Ethik an der Katholisch-Theologischen Fakultät der Universität Tübingen

Reimer Gronemeyer
Dr. theol., Professor für Soziologie an der Universität Gießen

Anselm Grün
Dr. theol., Cellerar der Benediktinerabtei Münsterschwarzach

Hans-Joachim Höhn
Dr. theol., Professor für Systematische Theologie an der Philosophischen Fakultät der Universität zu Köln

Elisabeth Moltmann-Wendel
Dr. theol., Feministische Theologin, Autorin in Tübingen

Ina Praetorius
Dr. theol., Germanistin, feministische Sozialethikerin, freie Autorin in Krinau/Schweiz

Bernardin Schellenberger
Freier Autor und Übersetzer, Stuttgart

Andrea Schwarz
Pastorale Mitarbeiterin, Seelsorgerin und Supervisorin, Autorin in Viernheim

Daniela Tausch
Diplom-Psychologin, Gründerin des Stuttgarter-Hospizdienstes, Autorin, Therapeutin in Bremen

Michael von Brück
Dr. theol., Professor für Religionswissenschaft an der Evangelischen Fakultät der Ludwig-Maximilians-Universität München

Die Herausgeber

Lothar Bauerochse
Dr. theol., Redakteur in der Kirchenredaktion des Hessischen Rundfunks, Frankfurt am Main

Klaus Hofmeister
Diplom-Theologe, Redakteur in der Kirchenredaktion des Hessischen Rundfunks, Frankfurt am Main